Hagen. Hier liegen Sie richtig.

Von Dienstag bis Donnerstag
Hotel-Tage in der Heimatstadt

HAGEN. HIER LIEGEN SIE RICHTIG.
24.01.2023 bis 11.01.2024

Von Dienstag bis Donnerstag
Hotel-Tage in der Heimatstadt

Sven Söhnchen

INHALT

DIE HÄUSER
(in der Reihenfolge meiner Besuche):

EINFÜHRUNG 6

I / ART-AMBIENTE 10
24.01. bis 26.01.2023

II / SAXX HOTEL ›AM THEATER KARREE‹ 18
21.02. bis 23.02.2023

III / CITY HOTEL CELINA 28
14.03. bis 16.03.2023

IV / WALDHOTEL LEMBERG 38
21.03. bis 23.03.2023

V / AUF'M KAMP 48
18.04. bis 20.04.2023

VI / HAUS KEHRENKAMP 58
02.05. bis 04.05.2023

VII / MERCURE HOTEL 68
16.05. bis 18.05.2023

VIII / STRANDHAUS AM HENGSTEYSEE 76
04.07. bis 06.07.2023

INHALT

IX / REHER HOF 88
01.08. bis 03.08.2023

X / HOTEL LEX 98
19.09. bis 21.09.2023

XI / AMICAL HOTEL 106
10.10. bis 12.10.2023

XII / HOTEL WALDLUST 116
24.10. bis 26.10.2023

XIII / HOTEL DRESEL 126
07.11. bis 09.11.2023

XIV / CAMPUSHOTEL 138
28.11. bis 30.11.2023

XV / HOTEL SCHMIDT 148
12.12. bis 14.12.2023

XVI / ARCADEON 158
09.01. bis 11.01.2024

RÜCKBLICKENDES FAZIT 168
12.01.2024

ZUSATZ 172
Soundtrack / Hagener Kultur / Restaurants /
Danke / Vita

HAGEN. HIER LIEGEN SIE RICHTIG.
24.01.2023 bis 11.01.2024

Es ist der 24. Januar 2023 – kurz vor 19:00 Uhr. Vor circa 30 Minuten habe ich angefangen, mein Jahresprojekt 2023 in die Tat umzusetzen.

In Hagen, meiner Heimatstadt, scheinen aktuell 16 oder 17 Hotels um die Beherbergung von Gästen zu buhlen. Mein Vorhaben ist es, mir diese Häuser in den kommenden Monaten (vielleicht dauert es auch mehr als ein Jahr!?) als Gast anzusehen – und das Erlebte festzuhalten.

Nein, es soll kein Hotelführer mit kategorisierenden Rubriken werden. Eher die schmunzelnde Anekdotensammlung eines Bürgers, der sich wohl fühlt in seiner Heimatstadt. Der Schwimm- und Freibäder kennt, häufiger zu Gast im Museum, Theater und den anderen freien und etablierten Kulturstätten ist, einen recht guten Überblick über die besseren und fragwürdigeren Gastrobetriebe hat und fast immer seine MitbürgerInnen wertschätzt. Mit zwei Ausnahmen kannte dieser Bürger bisher aber nicht die Hotellandschaft jener kleinen Großstadt am Rande des Ruhrgebietes, die er nie wirklich verlassen wollte und musste.

Die heimische Wirtschaftsförderung hat 2022 den Startschuss mit fünf Hotels gegeben: Hagener besucht Eure Hotels! Oder wie es bei denen heißt: ›Sei Gast in deiner eigenen Stadt‹.

EINFÜHRUNG

Schlecht ist der Gedanke nicht – jedoch stellt sich fix die Frage, warum ich ein Hotel in meiner Heimatstadt bewohnen sollte? Mir fallen folgende Varianten ein:
1. Versicherungsschaden am Wohnort,
2. Beziehungskrise,
3. Neugier,
4. Familienfeiern,
5. Fremdgehen (wobei dazu doch häufiger eine andere Stadt gewählt wird!?).

Bei mir ist es Punkt 3 – die Neugier. Vielleicht gepaart mit dem Erfahrungswert bei einem zukünftigen Hinweis an Freunde und Verwandte, wo man mal ein paar Nächte einchecken kann, weil man das freundschaftlich-familiäre Übernachten auf dem Wohnzimmersofa mit dem alternden Rücken gar nicht mehr verkraftet.

Bin glücklich darüber, dass aus der Neugier im Verlauf des Jahres ein Buch entstanden ist – mit der Hilfe der großzügigen Sponsoren: *Dehoga, Gesellschaft Concordia, hagewe, HVG, Mark E, Sparkasse an Volme und Ruhr, Stadt Hagen* und *Wirtschaftsförderung Hagen*.

Es gibt keine besondere Reihenfolge in meiner Hagener HotelTour – was bereits die erste Begegnung bewies. Aus dem Büro kam ich mal wieder nicht zeitig genug raus (das harte Leben der Selbständigkeit), sodass ich für den Weg in die Stadt, wo ich noch vorbestellte Bücher in der Buchhandlung des Vertrauens abholen durfte, nicht den angedachten öffentlichen Personennahverkehr wählte, sondern doch die vermeintlich bequemere Variante des eigenen PKWs. Hatte als

EINFÜHRUNG

erstes Haus mit dem *Amical* am Hauptbahnhof geliebäugelt.
Blöd, dass man dort nicht besonders gut (zumindest
nicht gebührenfreundlich) über Nacht parken kann und
die wenigen Parkplätze, die sich angeboten hatten,
belegt waren. Also – drei Straßen weiter. Somit wurde
der Wagen direkt zum Hindernis. Zu Fuß, nachdem man
mit dem Bus zum Bahnhof gefahren wäre, wäre der Weg
schneller zu bewältigen gewesen (und die Politessen
hätten ebenso keine Rolle gespielt).

I / ART-AMBIENTE

I / ART-AMBIENTE
24.01. bis 26.01.2023

Das *Art-Ambiente* in der Hugo-Preuss-Straße macht also den Anfang in meinem Projekt. Zwei Nächte in einem Doppelzimmer zur Einzelnutzung für 150 Euro – hinzu kommen 2 × 9 Euro für das Frühstück. Von Dienstag bis Donnerstag.

Bevor ich mich mit dem Frühstück beschäftige, stärke ich mich erst mal für den Abend. Das *Art-Ambiente* hat kein eigenes Restaurant im Haus. Dafür stehen am Empfangstresen einige Flyer diverser Bringdienste. Bei meinem Check-In speiste das Personal auch gerade im Frühstücksraum aus soeben gelieferten Aluschalen zu Abend. Ich bestelle nicht, sondern stürze mich ins Nachtleben (!?): werde jenes türkische Restaurant *Haci Baba* aufsuchen, welches mir viele Jahre die Mittagspause kulinarisch gesichert hatte – als hier im Bahnhofsviertel noch mein Büro lag. Auf dem kurzen Weg haben die Geschäfte der Nebenstraße bereits geschlossen. Nur die drei oder vier Wettbüros haben noch geöffnet. Als *Schotten* noch *Schotten* war und fast alleine in Hagen als Wettbüro galt, wollte ich die Welt dort auch mal kennenlernen. Es war kurz nach der Zeit, in der Bukowski über Pferdewetten schrieb. Auch diese Szene hat sich verändert.

Nachdem ich gegen 18:30 Uhr den Zimmerschlüssel entgegengenommen und den Weekender aus dem Wagen geholt

I / ART-AMBIENTE

hatte, verschaffte ich mir einen ersten Eindruck
von Zimmer 450. Ein gefälliges, kleines Zimmer. Nicht
luxuriös, aber durchaus seriös eingerichtet. Heller
Laminatboden in Holzoptik, weiße Wände (passend zum
Bettbezug) und hellbraunes Inventar (ebenfalls in Holz-
furnier) - passend zu den Zimmertüren, die zum Hausflur
abgehen und das Badezimmer vom Schlafgemach trennen.
Alles da, was man für einen Schlafplatz benötigt - und
die mir wichtige Schreibtischfläche ist auch vorhanden.
Herz - was willst Du mehr!?

Das Zimmer in der vierten Etage erreiche ich
mit dem Fahrstuhl, der gerade groß genug ist, um mich
und mein handliches Gepäckstück zu transportieren.
Mit dem altehrwürdigen Zylinderzimmerschlüssel öffne
ich mein Gemach für die kommenden circa 38 Stunden.
Das gardinenbehangene Fenster geht in den Hinterhof
und zeigt durch die gegenüberliegende Lücke zwischen
zwei Häusern an der untersten Elberfelder Straße
auf das bereits beleuchtete Logo einer günstigen Fit-
nessstudiokette. Von solchen Hinweisen lasse ich
mich nicht irritieren. Fitnessstudiotest ist frühestens
2032 auf der persönlichen Agenda - wahrscheinlich
nach heimischen Thai-Massage-Studios, der Suche nach
der besten Frittenbude der Stadt (bin da bereits
etwas festgelegt) und den besten Haarverlängerungs-
instituten (der Fachbetrieb *BeFunky* liegt in unmittelbarer Nähe zum *Art-Ambiente*).

Packe meine Tasche aus und öffne den Laptop.
Freue mich seit Tagen auf den Beginn des Jahresprojektes
und fange an zu schreiben. Als ich mich nach einer
guten Stunde auf den Weg zum *Haci Baba* mache, treffe

I / ART-AMBIENTE

ich die Kollegin der Empfangsdame an der Rezeption an. Sie hat die Nachtschicht und nimmt mir den Zimmerschlüssel ab. Das hatte ich ebenso unterschrieben, wie die Zusage, in Zimmer 450 nicht zu rauchen! Als ich direkt nach dem Essen zurückkehre, erhielt ich den Schlüssel zurück. Mir gefällt dieses Oldstyle-Schlüsselspiel. Breche zusammen, wenn morgen auch die gebügelte Tageszeitung oder Post für mich im Zimmerfach an der Rezeption steckt.

Es ist nach 23 Uhr, als ich mich für den Weg ins Bett rüste. Auf dem Nachttisch wartet das soeben erschienene Buch von Juli Zeh und dem Hagener Simon Urban ›Zwischen Welten‹. Lokalkolorit zur Nachtruhe. Es wäre nun nur noch zu überlegen, welche Musik aus dem ›deutschen Liverpool‹ zu diesem Hotel passt?! Bei mir läuft Smoothjazz von Jamie Cullum, Diana Krall & Co. im Hintergrund. Mal sehen, ob der Soundcheck der Häuser ein Gesamtbild ergeben wird!?
Während ich vor der Bettruhe lese, poltert es zweimal aus dem Nebenraum. Mir war nicht bewusst, wie dünn die Wände zwischen Zimmer 440 und 450 sind. Als ich am nächsten Morgen, nach einer guten und bequemen Nacht, ins Badezimmer gehe, entschuldige ich mich innerlich bei dem Gast im Nebenzimmer – es war meine Kulturtasche, die zu schwer war für den Klebehaken an der Wand. Nein, außer Zahnbürste (mit entsprechender Paste), Bürste, Gel und einem Deoroller führe ich keine Tiegel und Schminkartikel beim Hotelaufenthalt mit mir. Der Haken klebt wieder und meine Kulturtasche steht nunmehr auf der Ablage im Bad.

I / ART-AMBIENTE

Als ich, frischgeduscht, kurz nach 8:30 Uhr den Frühstücksraum betrete, bin ich der einzige Gast. Allerdings kam mir schon ein anderer Herr im Treppenhaus entgegen und die Reinigungskraft war bereits in Zimmer 430 tätig, wo ich beim Vorbeigehen ebenfalls Reisegepäck erblicke. Alleine bin ich derzeit nicht im *Art-Ambiente*.

Fühle mich irgendwie zurückversetzt in den Frühstücksraum Anfang der 1990er Jahre im italienischen Cattolica. An der Wand läuft auf einem Flatscreen ein Nachrichtensender im TV (der wahrscheinlich im Italien des letzten Jahrhunderts nicht lief ...) und an den sieben, mit weißen Tüchern ausgelegten Tischen könnten 20 Personen Platz finden. Linkerhand ist das Buffet aufgebaut – beginnend mit der herbeigesehnten Kaffeemaschine und einem sehr ausreichenden Angebot. Die Dame, die gestern bereits mein Check-In ermöglicht hat, bietet mir diverse Eierspeisen an. Meine Wahl fällt auf das Rührei – mit Schinken. Marmelade, Butter und Joghurt sind abgepackt, der Aufschnitt liegt unter vier Spuckschutzhauben. Glaube, dass das Ordnungsamt bei einer Überprüfung keine Einwände hätte und ich genieße die Auswahl (die ich eigentlich gar nicht benötige), da ich zuhause viel zu unengagiert für ein reichhaltiges Frühstück bin. Eine Scheibe Toast und ein oder zwei Espressi müssen da reichen – Italien 1990 lässt grüßen!

Die vier Etagen abwärts habe ich übrigens zu Fuß genommen – und erfahre so, das namensgebende Alleinstellungsmerkmal vom *Art-Ambiente*. Im Treppenhaus hängt viel Malerei. Wie üblich, lässt sich über Geschmack streiten. In meiner Wohnung würde diese malerische Vielfalt, die eher an VHS-Kurs als an Kunst erinnert,

I / ART-AMBIENTE

nicht an die Wände kommen. Hier passt es. An den
Wänden im Frühstücksraum hängen Fotografien, die eine
gute Alternative zu der Treppenhausdynamik bilden.

Zurück in Zimmer 450 schreibe ich die ersten
Gedanken des Tages nieder und verlasse das Haus.
Nebenbei muss ich ja auch noch meinem eigentlichen
Broterwerb nachgehen.

Bin gegen 16:00 Uhr zurück im Hotel. Die Dame
des gestrigen Check-Ins greift zum korrekten Schlüssel
und ich frage sie, ob sie die Geschäftsführerin ist,
die auf der Visitenkarte aufgeführt ist. Sie ist es
nicht. Dennoch nimmt sich die gelernte Hotelfachfrau
Zeit für mich. Vom Tisch im Frühstücksraum hat sie
die Rezeption im Blick und zeigt sich verwundert, dass
ernsthaft ein Hagener sich auf den Weg macht, die
Hotels der Heimatstadt kennenlernen zu wollen. Oft ver-
laufen sich nicht HagenerInnen ins *Art-Ambiente*.
Außer bei Versicherungsfällen im Wohnobjekt. Während
des Hochwasserdebakels vor 1½ Jahren zog eine komplette
Hausgemeinschaft ins Hotel um. Das ehrenwerte Haus,
wie es bei Udo Jürgens heißt, zelebrierte hier die
Freud- und Feindseligkeiten direkt weiter. Das familien-
geführte Haus sieht sich, aufgrund der sympathischen
Verkehrsanbindung, vor allem als Haus für ortsunsässige
Monteure, Handwerker und die letzten Handlungsreisenden.
In der Woche werden die Doppelzimmer, zu denen auch
das 450 gehört, überwiegend als Einzelzimmer vermietet.
Neben der Arbeiterklientel, sind es Messeaussteller
und Fußballfans, die ins schönste, 12 Kilometer entfern-
te, Stadion Europas pilgern. Mit dem ÖPNV ist man

I / ART-AMBIENTE

vom *Art-Ambiente* in einer halben Stunde im Westfalenstadion (doch, doch, das heißt so) oder an der nebenliegenden Westfalenhalle. Als wir dabei sind, uns über den Sound des Hauses auszutauschen, kommt die Besitzerin des Hauses hinzu. Sie hat das Hotel von ihren Eltern übernommen, die es vor fast 20 Jahren eher zufällig ersteigerten. Der Vater von Anita Stiplosek wollte bei einer Immobilienversteigerung nach einer Wohnung als Kapitalanlage schauen – und kam mit dem leerstehenden Hotel in der Hugo-Preuss-Straße nach Hause. Hotellerie war bis zu dem Zeitpunkt nicht das Steckenpferd der Familie, die anfänglich auch gegen den etwas (!?) obszönen Ruf des ehemaligen *Hotel Targan* kontern musste. Stundenweise wird hier kein Zimmer mehr vermietet und auf der Internetseite des Hauses liest man zum Thema Service und Sicherheit diesen Satz: ›Unsere Rezeption ist rund um die Uhr besetzt, der Einlass ist nur angemeldeten Gästen gestattet.‹ Gäste dürfen aber gerne im Frühstücksraum empfangen werden.

Aber wir waren beim Sound! Anita Stiplosek und ihre Mitarbeiterin, die ihren Job hier gerne macht, weil es familiär zugeht, man viele Gäste als Stammkunden kennt, und man sich nicht in eine gestärkte, verkleidende Uniform zwängen muss, überlegen und finden nicht sofort eine Antwort. Die Familie hat kroatische Wurzeln (ganz falsch lag ich mit dem Flair aus Europas Süden dann ja doch nicht) – ich höre später, beim Schreiben dieser Zeilen, kroatische, radiotaugliche Rock- / Popmusik im Hintergrund. Es könnte eine Grundlage für die Playlist des Hauses sein – vielleicht mit arabischen und afrikanischen Klängen aus der Nachbarschaft. Die

I / ART-AMBIENTE

sympathischen Damen machen erst gar keinen Hehl aus den vermeintlichen Schattenseiten einer unmittelbaren Bahnhofsnähe, die republikweit auch Schmelztiegel von kulturellen Problemstellungen sein kann. Die Hugo-Preuss-Straße bildet eine sichtbare Grenze – zwischen einem charmanten 3-Sterne-zertifizierten Haus mit besten Empfehlungen auf den einschlägigen Internetportalen und einer bewusstseinserweiternden Geschäftswelt, die sich nicht gesetzeskonform darstellt. Revierkämpfe gab es allerdings noch nie – die Schlüsselpolitik im *Art-Ambiente* scheint da sehr nachhaltig zu sein. Und das ist gut so.

Eigentlich wollte ich gestern in jenem Hotel einkehren, in dem früher das Kino *Gloria* in Hagen ansässig war. Hätte es gut gefunden, dann einen Kinobesuch als Kulturprogramm einzufügen. Den Gedanken fand ich immer noch gut. Zu Fuß brauchte ich 15 Minuten zum Programmkino *Babylon* im angrenzenden Stadtteil Wehringhausen. Um 18:00 Uhr wurde dort die Leipzig-Hommage ›Die stillen Trabanten‹ gezeigt. Charly Hübner, Albrecht Schuch und vor allem das Liebesspiel von Martina Gedeck und Nastassja Kinski waren den Besuch wert. Auf dem Heimweg kehrte ich auf der Elberfelder Straße beim vietnamesischen Restaurant *Vimix* ein. Drei Minuten vom Hotel entfernt – direkt an der Bushaltestelle ›Schwenke‹. Bisher kannte ich das Restaurant nicht, welches mir aber aufgrund der frischen Zutaten sehr gut gefiel. Vielleicht empfehle ich dem Team vom *Art-Ambiente*, den Hotelgästen auch mal diesen Tipp für ein Abendessen zu geben.

I / ART-AMBIENTE

Die Nachtschicht hat bei meiner Rückkehr an der Rezeption Platz genommen. Bevor eine Dame mit kleinem Rollkoffer, der ich die Tür beim Eintritt aufhielt, ihre Reservierung vortragen kann, erhalte ich den Zimmerschlüssel 450. Zweiter Abend im heimischen Hotel – und ich habe bereits vollstes Verständnis für Udo Lindenberg.

Es ist ›5 vor 12‹ – Zeit, um den PC auszuschalten und sich im Bett noch etwas der Zeh- / Urban-Literatur hinzugeben. Der Anfang des neuerschienenen Buches war gestern vielversprechend.

Frühstücke zufrieden und sehe neue Gesichter – jeder Tisch im Frühstücksraum ist durch eine Person alleine besetzt. Der Preis, wenn man ein Handlungsreisendenhotel in der Zeit von Dienstag bis Donnerstag besucht. Schreibe noch einige Zeilen, packe die kleine Reisetasche und begegne auf dem Flur noch der Hausherrin. Mein Dank kommt von Herzen – bereits das erste Haus war eine wohltuende Entdeckung in meiner Heimatstadt.

II / SAXX HOTEL ›AM THEATER KARREE‹

II / SAXX HOTEL ›AM THEATER KARREE‹
21.02. bis 23.02.2023

Meine Planungsvorgabe war, dass ich beim zweiten Besuch, eines jener Häuser aufsuchen möchte, die sich bisher bereits am Projekt ›Sei Gast in deiner eigenen Stadt‹ von Hagen.Marketing beteiligen. Da ich den Start im Stadtzentrum machte, fand ich es pfiffig, zum Gegensatz in den heimischen Süden zu gehen. Dummerweise hat das *Hotel Dresel* zum Wochenanfang geschlossen und jene Hotelzimmer mit einem möglichen Zugang waren bereits ausgebucht: Lernziel = auch in Hagen bekommt man innerhalb der Woche nicht einfach so ein Hotelzimmer. Reservierung tut wohl Not.

Dann also doch erneut in Bahnhofsnähe – zum *SAXX* an das andere Ende der Bahnhofstraße. Aktuell das jüngste Objekt in Hagen. Eröffnet in der Coronaphase zum April 2021 hat es in den zwei Jahren die Hotellandschaft schon mächtig aufgewirbelt. Mit dem *SAXX*-Hotel und den, im Stadtgebiet verteilten Appartement-Einheiten, meldet sich der gebürtige Hagener Udo Krollmann als Immobilieninstanz in seiner Heimatstadt zurück. Zusammen mit seinem Team um den Hotelmanager Simon Bruker schafft er einen Ort, in dem bereits Hollywoodgranden wie Sylvester Stallone und Eric Roberts, sowie kulturaffine Größen wie Bryan Adams und Dieter Nuhr ihr Haupt (und den Restkörper) betteten.

II / SAXX HOTEL ›AM THEATER KARREE‹

Fahre mit dem Wagen vor (was erneut weitestgehend idiotisch ist bei der hervorragenden ÖPNV-Anbindung an den 3 Kilometer entfernten Wohnort), checke ein und fahre den alten Benz in die Tiefgarage, wo er neben einem großen Bruder aus Hamburg und einem Bentley ohne Nummernschild die nächsten zwei Tage und Nächte stehen wird. 15 Euro pro Nacht, statt 6 Euro für das notwendige Busticket ... aber immerhin muss ich die Reisetasche (angereichert mit Unmengen an Erkältungsmitteln) und die Arbeitstasche nur vom Kofferraum zum Aufzug, statt durch die (unfassbar weiten) Wege am Rande der heimischen Innenstadt tragen.

Die Dame an der Rezeption sagt, sie sucht mir ein schönes Zimmer (von 39) aus! Es gelingt.

Nummer 61 wirkt geräumig, am rechten Ende des Flures in der sechsten Etage. Es besticht durch ansprechendes Mobiliar in gedeckten Tönen und einer großen Fensterfront! Habe zwar nicht vor, nackt durch den Raum zu tanzen – aber wenn ich es tun würde, könnte mich niemand in der Nachbarschaft direkt beäugen. In der sechsten Etage liegt man höher, als der Rest der umliegenden Häuser. Somit kann man über den Dächern das Theater erkennen und den Blick sogar in die grüne Hanglage des Kuhlerkamps wandern lassen! Hat Sly hier am Fenster gestanden, einen Bourbon in der Hand, den Blick Richtung Haspe gewandt und von einer guten Zukunft geträumt? Vom Hotel hat der Ramborocky jedenfalls nichts gesehen: Tiefgarage, Aufzug, Suite, Aufzug, Tiefgarage, usw.! Als Eckeseyer ahne ich – da wird selbst der Blick nach Haspe verheissungsvoll.

II / SAXX HOTEL ›AM THEATER KARREE‹

Mache mich frisch und fahre mit dem Aufzug wieder in die Lobby. Neben dem offenen Rezeptionsbereich gibt es eine wirklich einladende Bar, die man gerne als Stammbar hätte. Freundlich, hell, übersichtlich, dekorativ und bestens ausgestattet. In der obersten Reihe der Rückwand erkenne ich (fast) alle Produkte der heimischen *Eversbusch*-Brennerei. Lokalkolorit ist hier augenscheinlich keine Maskerade, sondern ein verbindendes Glied zwischen Hotelgästen aus der weiten Welt und der gastgebenden Stadt und Region. Fühle mich an diesem neuen Ort direkt heimisch und starte mein zweites Hagener Hotel-Date mit einem Doppelwachholder-Tonic!

Nehme mir dazu das Imagemagazin von Phoenix Hagen, dem Basketballverein der Heimatstadt. Die Unterstützung von Phoenix und handballernden Kollegen von Eintracht Hagen ist augenscheinlich ein weiterer Mosaikstein in der lokalen Verbundenheit des *SAXX*. Die Trikots der beiden Vereine hängen gerahmt im Empfangsbereich und die Hauswerbung im Magazin ist prominent positioniert – so geht eine Zusammenarbeit auf Augenhöhe.

Die Bar ist der vereinbarte Treffpunkt mit einem befreundeten Pärchen, mit dem ich zum Essen verabredet bin. Wir gönnen uns noch einen Aperitiv, in meinem Fall einen Negroni (mit *Eversbusch*) und erhalten vom Bartender den Tipp, ins *Rustica* zu gehen. Fußläufig der nächstgelegene Laden, der keiner (Franchise-)Kette angehört.

Bei meiner Rückkehr nehme ich noch einmal an der Hotelbar Platz und treffe auf den Hotelmanager, der

II / SAXX HOTEL ›AM THEATER KARREE‹

einen neuen Cocktail (aus-)probiert. Wir kommen unmittelbar ins Gespräch und ich berichte von meinem VDBD-Jahresprojekt, welches ihn erfreut. Gemeinsam mit seiner Lebensgefährtin lebt er nunmehr seit 2 ½ Jahren in Hagen und zeigt sich weiterhin erstaunt darüber, wie negativ diese Stadt doch oftmals bewertet wird – aus seiner Sicht, völlig zu Unrecht. Aus dem Schwarzwald stammend, in Oberstdorf und Berlin arbeitend und dann in Hagen ankommen – da hat man definitive Vergleichsmöglichkeiten und selbstverständlich ist unsere charmante, kleine Großstadt am Rande des Ruhrgebietes nicht mit der Bundeshauptstadt vergleichbar. Simon Bruker nimmt es zum Anlass, seinen Beitrag zur Imagesteigerung der Stadt beizutragen – und er nimmt sein Engagement sehr ernst: obwohl er erst kurze Zeit in Hagen lebt, hat er schon ein funktionierendes Netzwerk, welches unter anderem gestrandeten, kofferlosen Gästen die Chance gibt, außerhalb der Öffnungszeiten den notwendigen Anzug für das Businessgespräch am nächsten Morgen beim Herrenausstatter zu besorgen. So ein Netzwerk funktioniert, weil man sich im gesellschaftlichen Leben der Stadt tummelt. Das junge Gesicht ist, trotz Pandemiebeschränkungen, in Hagen bereits präsent – in der Gastronomie, der Kultur und bei den besagten Sportvereinen.

Schnell klären wir die Frage nach dem Sound des Hauses. Nicht nur wegen der Namensverbindung schwebt durch die Räume ein Hauch von Cooljazz – mit dem Saxophon als Hauptakteur. Ja, ein sehr passender Klang in diesem stilsicheren Ambiente. Lerne direkt die passende Spirituose kennen: der Hausherr (nicht der

II / SAXX HOTEL ›AM THEATER KARREE‹

Hotelmanager) greift gerne zum *Chartreuse* – dem Kräuterbrand des schweigsamen Kartäuser-Ordens. Die Herren haben Recht – Kräuter müssen nicht immer nach italienischen Schmusesängern schmecken ... und 55 % Alkoholvolumen lässt einen notfalls auch das schrägste Jazz-Solo mönchsmilde wahrnehmen.

In dem großen Doppelbett tauche ich ab in eine traumhafte Nacht. Es schläft sich gut und enorm ruhig in der zentralen Innenstadtlage.

Nehme vor dem Frühstück eine Dusche und bin gegen kurz nach 09:00 Uhr der einzige Gast im Frühstücksbereich, welcher sich im Tagesverlauf wieder zur Bar zurückentwickelt. Mit Blick auf den Eingangsbereich nehme ich wahr, dass mehrere Gäste wohl früher auf den Beinen und beim Frühstück waren. Der Check-Out läuft flüssig – genau, wie der erste Kaffee des Tages. Den hätte ich mir bereits auf Zimmer 61 machen können, da alle Zimmer im Haus mit kleinen Kaffeezubereitern ausgestattet sind.

Ich verzichtete und erfreute mich am umfangreichen Buffet. Gestern Abend lernte ich, dass Bryan Adams sich hier auch sein Avocado-Frühstück selber zurechtgeschnibbelt hatte. Es war für mich aber kein Aufruf, mich auch an dieser Gesichtscremefrucht zu versuchen. Dafür genoss ich das gute Croissant und ein frisch zubereitetes Rührei.

II / SAXX HOTEL ›AM THEATER KARREE‹

Auch die zweite Tasse Kaffee änderte nichts an der Tatsache, dass ich nicht nur zum Vergnügen ›von Dienstag bis Donnerstag‹ unterwegs bin. Jedoch hatte ich meine Büroarbeit mitgenommen und den weiteren Vormittag für Diensttelefonate und Gerichtschreiben am Schreibtisch in Zimmer 61 genutzt. Nach 13:00 Uhr belohne ich mich mit einer weiteren Kaffee- und Lesepause (mich begleitet Coelhos ›Alchimist‹ in Buchform), die Simon Bruker dazu nutzt, mir die beiden Suiten vorzustellen: benannt nach den bisher größten Berühmtheiten im Haus. In Etage 7 liegt die *Sylvester-Stallone-Suite* – ausgestattet mit Schlaf- und Wohnraum, zwei Drucken jener Werke, die Sly 2021 in Hagen ausgestellt hatte und einem bemerkenswerten Blick auf die Bahnhofstraße. Stallone ließ also seinen Blick nicht nach Haspe schweifen, sondern erkannte eine Allee, die aus dieser Vogelperspektive einen wunderbaren Charme verströmt. Stadtplaner und Kommunalpolitiker mögen sich bei den nächsten Planungen hier einen Eindruck verschaffen. Vom gegenüberliegenden Fenster hatte Stallone damals einen Blick auf die Konzertmuschel und den Weihnachtsmarkt. Von wegen ›Tiefgarage-Aufzug-Suite-und-sonstnichts-gesehen‹!? Mehr Weihnachtsromantik kann man im adventlichen Deutschland doch gar nicht aufsaugen! Und hat Stallone vielleicht vom Zimmerfenster gelauscht, als mein Freund Björn Nonnweiler sein Hagen-Lied auf dem Weihnachtsmarkt sang? In der 7. Etage steht ein großer Schreibtisch zur Volkspark-Seite. Dieser fällt in der *Bryan-Adams-Suite* eine Etage tiefer etwas kleiner aus. Dafür hat diese jenes Alleinstellungsmerkmal, welches in Hagen bereits kreuz und quer durch die Gerüchteküche ging. Adams fragte über das

II / SAXX HOTEL ›AM THEATER KARREE‹

Management nach, ob das Hotelzimmer über eine Badewanne verfügen würde – was zum Zeitpunkt der Anfrage nicht gegeben war. Als der kanadische Sänger und Fotograf sich im damaligen Zimmer 65 einquartierte, hatten die Herren Krollmann und Bruker die Wanne nachträglich einbauen lassen. Richtig so – ein kleiner Schreibtisch reicht völlig aus – und das *SAXX* und Hagen haben eine weitere charmante Anekdote zu erzählen (zu den Taxifahrten der *Weather Girls* kommen wir bei anderer Gelegenheit).

Am späten Nachmittag mache ich mich erneut auf den Weg zum *Kino Babylon* im *Pelmke*-Kulturzentrum. Dort gibt es heute die letzte Möglichkeit den Colin-Farrell-Film ›The Banshees of Inisherin‹ anzusehen. Der Weg hat sich gelohnt. Anschließend esse ich erstmals bei *Filos* zu Abend – jenem Laden, in dem ich (vor 22 Jahren) das Babypinkeln und die Taufe meiner Tochter gefeiert habe – als er kurzzeitig *Phoenizia* hieß und von meinem Kumpel Karim Rachdi gepachtet wurde. Von der wilden Zeit damals sind heute nur noch die Taxifahrten übriggeblieben ... sodass ich gegen 21:00 Uhr noch zwei Getränke an der Bar nehmen konnte. Der *Italicus*-Likör war eine angenehme Entdeckung und noch mehr überraschte der Tipp vom Barkeeper Markus. *Vivid* – ein Korn aus Dortmund tritt den Beweis an, dass man auch die altbackene, bundesweite Spießigkeit in diesem Genusssegment in den Ruhestand schicken kann. Es muss gar nicht immer Gin sein!

In der Bar sind noch zwei weitere Tische besetzt: ein älteres Ehepaar, welches im *SAXX* eingecheckt hat, hat Besuch von einer Hagener Freundin und ein junges

II / SAXX HOTEL ›AM THEATER KARREE‹

Pärchen genießt die stylische Barkultur. Es sind diese spontanen Zusammentreffen, von denen Simon Bruker in unserem gestrigen Gespräch meinte, dass sie ein besonderer Anreiz in seiner Arbeit sind. Er erzählte von zwei Frauen, die unabhängig voneinander mit anderen Geschäfts- und Gesprächspartnern an den Tischen in der Bar saßen und immer aufhorchten, wenn die Andere zu Wort kam. Durch einen Raumteiler hatten die Damen keinen Blickkontakt, sodass irgendwann eine aufstand und um die Ecke blickte. Nach vier Jahren trafen sich zwei Freundinnen wieder – die Eine kam aus London, die Andere aus Los Angeles. Der Zufall führte sie wieder zusammen – an der Bar des *SAXX*-Hotel in der Hagener Bahnhofstraße. So was kann man sich nicht ausdenken.

Nach dem zweiten Frühstück zahle ich die Rechnung (124,- Euro + 15,- Euro Frühstück, pro Nacht) und schreibe mit dem Blick zum Kuhlerkamp die letzten Zeilen für diesen Aufenthalt. In einer Woche werde ich bereits wieder Gast im *SAXX* sein – dann gibt es den ›Thirsty Thursday‹ und eine Begegnung mit weiteren Botschaftern der Barkultur in meiner Heimatstadt. Mir gefällt diese lokale Verbundenheit.

III / CITY HOTEL CELINA

III / CITY HOTEL CELINA
14.03. bis 16.03.2023

Vor zwei Tagen fand in Hollywood die Oscar-Preisverleihung statt. Für mich war es daher eine passende Idee, zum vierfachen Trophäengewinn der zweiten Remarque-Verfilmung von ›Im Westen nichts Neues‹, im wohl cineastischsten Hotel Hagens unterzukommen. Motiviert fuhr ich vom Büro mit dem Bus (!) zur Haltestelle ›Altenhagener Brücke‹ und ging die wenigen Meter zum Hotel im ehemaligen *Gloria*-Kino. Das *Amical* ist jedoch ausgebucht!? Merke: ich sollte ernsthaft anfangen, die Hotels vorher zu buchen (was ich gar nicht vorhatte). Nehme also die kleine Reise- und die Arbeitstasche und gehe zum nächsten Haus: dem *Cityhotel Hagen Celina*, welches auch an der Fassade noch ›Deutsches Haus‹ heißt. Der Portier weist mich darauf hin, dass gerade viel los ist in meiner Heimatstadt. Die Architekten treffen sich wohl und in der Stadthalle soll auch was los sein. Mir war nicht bewusst, dass das Sinfoniekonzert unserer Philharmoniker für überfüllte Hotels sorgt!? Die Erkenntnis würde mich ernsthaft freuen. Damit ist klar, dass auch der Preis, den ich gestern noch im Internet gesehen hatte, heute nicht mehr zu halten ist. Das Klassikkonzert und der Architektenkongress sind wohl enorm spontan angesetzt worden. Zahle also von Dienstag bis Donnerstag 198 Euro für Zimmer 27 (Doppelzimmer zur Einzelnutzung), inklusive Frühstück. Falls ich doch noch

III / CITY HOTEL CELINA

nächtlichen Besuch bekommen sollte, wären noch einmal 20 Euro fällig – pro Nacht. Frage den Mann am Check-In-Tresen, ob er der Geschäftsführer wäre, da ich eventuell ein paar Fragen hätte. Er verneinte und stellte mir in Aussicht, dass wohl auch bis Donnerstag eher niemand für mich Zeit haben würde. Und wieso ich überhaupt meinen würde, dass ich Hotels beraten könnte!? Das hatte ich mit keinem Wort behauptet! Der Start in das dritte Abenteuer gestaltet sich also etwas holperig.

Stelle meine Taschen im Zimmer 27 ab, mache mich kurz frisch und gehe zurück zum Bahnhof, wo ich einen Betreuten treffe, dem ich Geld auszahle. Diese üblichen Auszahlungen, die ein Teil meiner freiberuflichen Arbeit sind, haben im Bahnhofsviertel einen ganz eigenen Flair ...

Im Kiosk gegenüber vom Hotel kaufe ich eine große Wasserflasche für die Nacht und richte mich in dem Raum ein, der für die kommenden zwei Nächte meine Heimat ist. Zimmer 27 liegt in der zweiten Etage und das Fenster geht zum Hinterhof raus. Wenn ich richtig orientiert bin, sehe ich das Dach von meiner langjährigen Lieblingsdiscothek, dem *Red Rooster*!

Von meiner angedachten Kino-Planung lasse ich mich aber nicht abbringen – und mache mich auf den Weg zum anderen Ende der Innenstadt. Bevor ich mir im *Cinestar* den neuen Spielberg-Film ›Die Fabelmans‹ anschaue, werde ich mir im *Cave 66* eine portugiesische Toast-Fleisch-Variante (Francesinha) gönnen. Beides

III / CITY HOTEL CELINA

ein Genuss: das Stammlokal sowieso und die 150-minütige Zelluloid-Hommage ist enorm kurzweilig und einfach schönes Kino. Gegen 23:00 Uhr bin ich zurück in der Bahnhofstraße 35, wo ich etwas die Hotelbeleuchtung vermisse. Habe kurz die Befürchtung, dass das Haus geschlossen hat. Die Tür geht aber auf und vom Empfangstresen werde ich von einer freundlichen Frau begrüsst und mit einem Gutenachtgruß in die zweite Etage geschickt.

Wie gesagt, ich bin kein ganz schmächtiger Kerl. Daher ist die nachgebaute Nasszelle im Zimmer 27 für meine Körpermasse etwas klein geraten. Diesbezüglich bin ich aber wirklich kein Allgemeinmaßstab. Mache mich bettfertig und bemerke, dass ich mein aktuelles Buch (›Liebes Arschloch‹ von Virginie Despentes) im heimischen Wohnzimmer vergessen habe. Dann surfe ich halt noch etwas im Internet und freue mich über die Darsteller David Lynch und Judd Hirsch und ihre Charaktere in der soeben gesehenen Spielberg-Biografie.

Füge diesem Bericht noch einen Anhang bei, indem ich die Hagener Kulturbesuche notiere, die Gastronomieobjekte, die ich besucht habe – und die Lieder, die den Soundtrack des VDBD-Projektes ausmachen werden.

Werde nach einer Nacht in einem, zwar niedrigen, aber bequemen, Bett erst gegen 08:30 Uhr wirklich wach und habe noch eine Stunde Zeit für das Frühstück. Buffet, angerichtet im Stil einer Familienfeier der 90er-Jahre. Es ist alles da, was man benötigt – angereichert mit frischen Waffeln und Kaffee in ausreichender Menge in der Thermoskanne. Bin erstaunt, dass in der

III / CITY HOTEL CELINA

Stunde neun weitere Gäste mit mir den Frühstücksraum im Dachgeschoss des Hotels teilen. Treffe dort zufällig auf Professor Roland Pröll, mit dem ich seit Jahren eine freundliche Verbundenheit pflege. Er ist auf einem Zwischenstopp in Hagen – zwischen Engagements in Korea und Paris. Der Mann kann herrliche Geschichten erzählen – und ich habe noch ein paar Tipps für mein bevorstehendes Paris-Wochenende. Das Gespräch mit dem alten Weggefährten hält mich davon ab, weiter der Runde am Nebentisch lauschen zu müssen: ein älteres Ehepaar reiste aus dem Osten der Republik (dem Dialekt nach zu urteilen) mit einer Bekannten nach Hagen. Man musste hier wohl jemanden zu Grabe tragen. Die ältliche Bekannte hatte, nach einer schlaflosen Nacht, ein gewisses Mitteilungsbedürfnis und fackelte ein monologisierendes, hörgeschädigtenfreundliches Feuerwerk auf die Mitreisenden ab. Es ging um Leuchtreklame vor dem Hotelfenster (wie gesagt, um 23:00 Uhr war am Vorabend das Hotel in Dunkelheit gehüllt), gymnastiktreibende Frauengruppen und den ortsansässigen Fleischer in der Heimat (wie dieser Erzählbogen gespannt wurde, ist mir nicht ganz deutlich geworden).

Zurück in Zimmer 27, welches in der Zwischenzeit bereits gereinigt und hergerichtet wurde, schreibe ich die nächsten Zeilen und führe die ersten dienstlichen Telefonate. Werde nun duschen und mich an die mitgenommenen Berichte machen, die ich in meinem eigentlichen Job regelmäßig an das Amtsgericht zu senden habe.

Bis zum späten Mittag habe ich weiter telefoniert und Termine (privat und dienstlich) koordiniert. Die

III / CITY HOTEL CELINA

Amtsgerichtsberichte sind allerdings auf der Strecke geblieben, da ich über den Internetzugang des *Celina*-Hotels keine Remote-Verbindung zum Dienstserver herstellen konnte. Somit weiß ich, wie ich mein kommendes Wochenende zu gestalten habe ... und gönne mir jetzt erst eine kleine Mittagsruhe mit den Klavierkonzerten von Brahms, die Prof. Pröll mir beim Frühstückstisch empfohlen hatte, bevor ich mich dann noch einmal mit der Versorgung im heimischen Bahnhofsviertel beschäftige.

Stärke mich und starte meinen kleinen Spaziergang am Nachmittag mit einem Dürüm-Döner beim *Akdeniz-Grill* und bin dann verwundert, dass es doch weniger Barbiere im Umfeld des Hauptbahnhofes gibt, als ich vermutet hatte. Begebe mich zu *Ayoub* in der Gasse ›Am Hauptbahnhof‹, wo erstmals in meiner über 30-jährigen Ich-lasse-mich-rasieren-Erfahrung der Rasierschaum mit kaltem Wasser angerührt wird. Das fehlende warme Wasser sorgt bei der folgenden Rasur für ruppige Momente. Dafür sind beim Abschied die Augenbrauen, Nasenlöcher und Ohren vom abstehenden Haar befreit. Ist ja auch ein Erfolg. Möchte beim morgigen Geburtstag meiner Mutter doch einen gepflegten Eindruck machen – soweit das insgesamt möglich ist.

In der Bahnhofsbuchhandlung kaufe ich mir die 45. Ausgabe des Magazins ›The Heritage Post‹ und nehme gleich noch ein Yellowpresserzeugnis mit, dass auf dem Titelblatt mit der wundervollen Charlotte Gainsbourg wirbt (sie hat für ihren Vater Serge ein Museum eröffnet – der nächste Tipp für meinen kommenden Paris-Kurzaufenthalt) und auch an dem kleinen Annie-Ernaux-

III / CITY HOTEL CELINA

Buch ›Der junge Mann‹ kann ich nicht kauflos vorbeigehen. Das schlanke Werk der Literaturnobelpreisträgerin des Vorjahres wird meine Abendlektüre sein.

Entdecke das syrische Café *Pistachio* auf der Bahnhofstraße und bin begeistert von dem Angebot und dem Charme der jungen Existenzgründung eines Kriegsflüchtlings. Neben dem süßen Geschmackserlebnis ist es der Moment, in dem der Hausherr den basslastigen Popbeat einer Beyoncé ausstellt und im nächsten Moment Julio Iglesias aus den Lautsprechern schallt. Was für ein wundervoller Kulturmix – auf so vielen Ebenen. Blättere die beiden Zeitungen bei Nuss- und Pistazienbaklava durch und begebe mich zurück zum *City Hotel Celina*, wo wieder der Portier von gestern an der Rezeption sitzt – der übrigens vorhin, als ich das Haus verließ, ein Einstellungsgespräch mit einer potentiellen Frau für das Frühstück geführt hat. Ist er nicht vielleicht doch der Geschäftsführer? Das weltweite Netz hilft mir bei der Recherche zum Betreiberduo Azadzoy / Schorangez dummerweise nicht weiter. Schlussendlich ist es auch egal. Wobei mir die ersten Gespräche mit den Betreibern im *Art-Ambiente* und dem *SAXX* doch sehr gut gefallen haben.

Kurz vor 20 Uhr verlasse ich das Hotel nochmal, um in der Bahnhofsgegend den Abend zu gestalten. Gefühlt ist das immer ein Abenteuer – in der Realität nicht. Da der *Wienerwald* irgendwann in Hagen geschlossen hat (...) und der *Kochlöffel* zu weit entfernt ist, gönne ich mir ein knuspriges (nunja) halbes Hähnchen bei *Papas Hähnchengrill*, wo ich mich noch an einer Kurz-

III / CITY HOTEL CELINA

geschichte zu einer Begegnung mit zwei jungen Damen am Nachmittag im *Pistachio* versuche. Die Beiden hielten mich augenscheinlich für den syrischen Inhaber und sprachen länger arabisch auf mich ein – bis ich ihnen begreiflich machen konnte, dass ich weder der Inhaber sei, noch wesentlich andere als deutsche Sprachkenntnisse hätte.

Begebe mich danach zum *Bato*, der griechischen Sportbar am Graf-von-Galen-Ring, in der ich mich schon mit meiner jetzigen Ex-Freundin traf, als sie vor mehr als einer Dekade noch nicht mal meine Freundin war. Verfolge dort das Champions-League-Spiel zwischen Real Madrid gegen den FC Liverpool. Für Kloppos Engländer ist es in dieser Saison das letzte Spiel in der europäischen Königsklasse. Gestehe mir ein, dass ich in dem Laden den Altersdurchschnitt anhebe. Aber Sportkneipen sind doch kein Anrecht der Jugend, oder!?

Auf dem Weg zum *Celina Hotel* kaufe ich noch ein Mineralwasser zur Nacht und nehme zur Kenntnis, dass die Dame vom Vorabend wieder an der Rezeption Platz genommen hat. Auf den Gutenachtgruß muss ich jedoch verzichten – sie telefoniert privat und lässt sich über die beiden Mädchen aus, die mit 12 und 13 Jahren am Wochenende eine Gleichaltrige erstochen haben. Die Mädchen sollen ihr Leben nicht mehr froh werden – ich wünsche denen irgendwie einen Lebensweg, in dem die ihre Tat aufarbeiten können.

In Zimmer 27 werfe ich sofort den PC an und schreibe die letzten Momente des Tages auf – dabei läuft

III / CITY HOTEL CELINA

Morrissey und *The Smiths*. Hatte über den umstrittenen Musiker und seine wechselhafte Karriere in der aktuellen ›The Heritage Post‹ gelesen. Brahms und Morrissey an einem Tag – ein Musikprogramm, so abwechslungsreich wie meine Heimatstadt. Apropos ›The Heritage Post‹: wenn sich alles positiv entwickelt, schreibe ich für das Düsseldorfer Magazin in 2023 auch noch einen Gastbeitrag – über den wunderbaren Can Gör und seinen *GC's Golden Chapter*, bzw. seinen Versuch in dem Hagener Vorort Boelerheide ein überregionales Spirituosenfachgeschäft zu etablieren.

Hagen hat so viele fantastische Geschichten! Das ehemalige ›*Deutsche Haus*‹ ist bestimmt ebenfalls für einige Anekdoten gut. Mir möchte man sie dummerweise nur aktuell nicht erzählen. Auch gut. Spricht ja für die gute Tugend, dass man die Geheimnisse der Gäste nicht wirklich preisgibt.

Gewöhne mich nicht daran, dass WDR 4 mittlerweile nicht mehr der Schlagerradiosender der Region ist – sondern die Rockklassiker spielt. Im Frühstücksraum erschallt daher die alte Hymne der zündelnden Hotelbesitzer ›Beds are burning‹ von *Midnight Oil*. Es sind auffallend viele Herren mittleren Alters anwesend, die darauf schließen lassen, dass der Kongress in Hagen doch für höhere Buchungen in den heimischen Hotels sorgt. Das nerdhafte der Männer verstärkt allerdings den Verdacht, dass es weniger Architekten, als vielmehr Archivare sind. Diese treffen sich für mehrere Tage in der Stadthalle. Nach dem Frühstück schreibe ich die letzten Zeilen zu meinem dritten VDBD-Erlebnis, packe

III / CITY HOTEL CELINA

die Taschen, checke aus und löse gegenüber im Kiosk das Leergut ein.

Werde ich zur nächsten Erkundung der heimischen Hotellandschaft doch mal eine Vorreservierung andenken? Oder wird es mit mir und dem *Amical* ein ›running Gag‹ in der Projektzeit?!

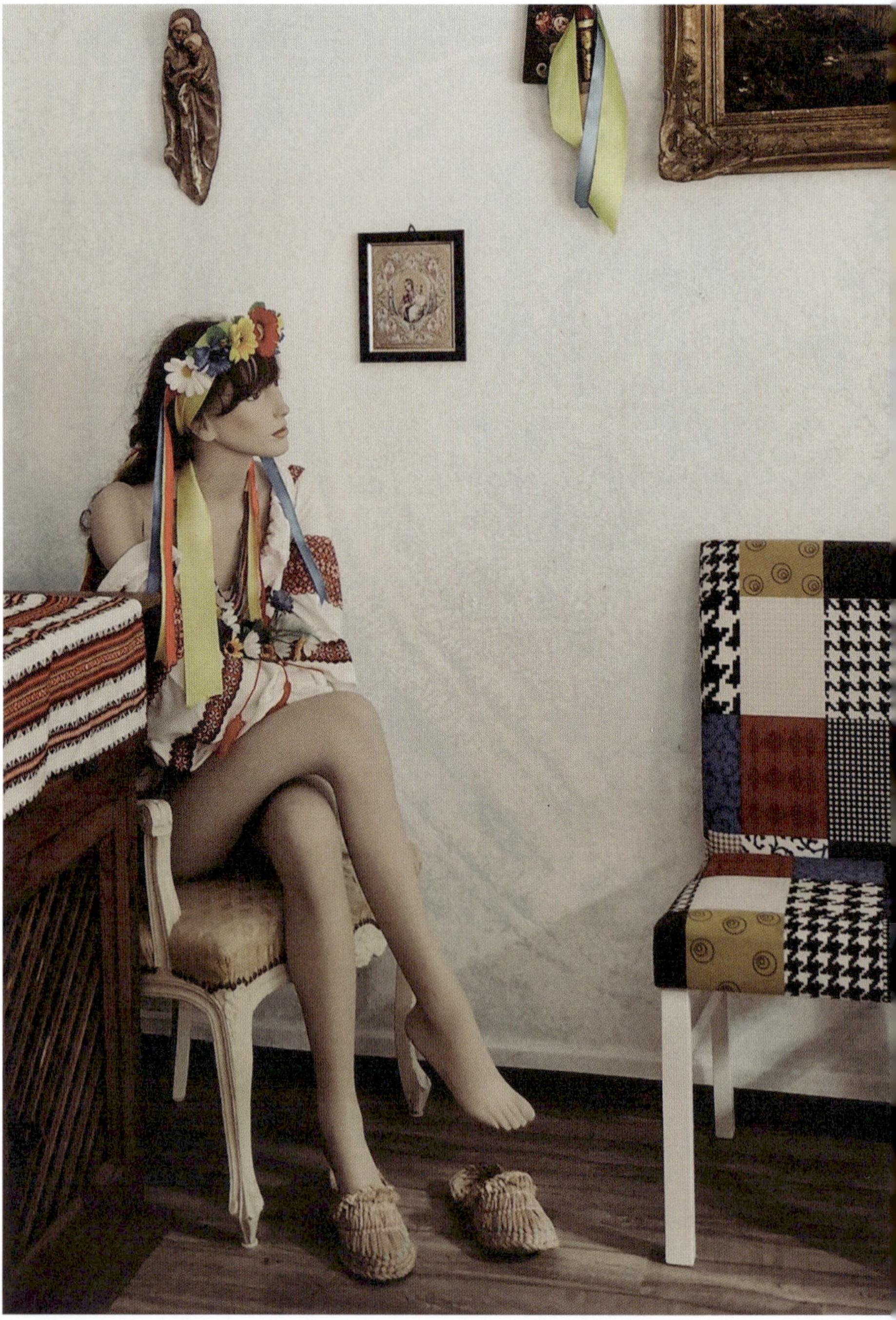

IV / WALDHOTEL LEMBERG

IV / WALDHOTEL LEMBERG
21.03. bis 23.03.2023

Als ich mich, zum Ende des vergangenen Jahres, erstmals mit dem VDBD-Projekt beschäftigt hatte, schaute ich mir im Internet die heimische Hotel-Landschaft an. Irgendwie sagten mir alle Häuser etwas – nur das *Waldhotel Lemberg* war mir gänzlich unbekannt. Was soll ein Mensch des Hagener Nordens auch im tiefsten Volmetal!? Wir Nordlichter haben ja keine Ahnung, dass der *Reckhammer* doch noch zu Hagen, und nicht zum Ennepe-Ruhr-Kreis, gehört.

Nachdem ich gestern mit einer Buchung im *Campushotel* zu spät dran war (Hagen ist eine unerwartete Hotelhochburg), entschied ich mich für einen Abstecher in den Süden meiner Heimatstadt. Man wird es für eine Schande halten: aber in den 54 Jahren meines bisherigen Lebens gab es noch keinen Grund, an der Priorlinde rechts abzubiegen. Irgendwann ist immer das erste Mal.

Nehme gleich mal die falsche Einfahrt und muss den Wagen drehen – vom Waldpfad (man sagte mir bereits, dass man hier gut wandern könnte) zum korrekten Parkplatz. Mein Auto teilt sich den Platz mit mehreren Kraftfahrzeugen aus der Slowakei. Augenscheinlich bin ich nicht der einzige Gast im Grenzgebiet zu Breckerfeld.

Das ehemalige *Waldhotel Reckhammer*, so wie es auf dem Weg noch ausgeschildert ist, besticht am Haupt-

IV / WALDHOTEL LEMBERG

haus durch einen frischen roten Anstrich, der ebenso direkt ins Auge fällt, wie die grosse ukrainische Flagge, die zentral an der Hausfront prangt – und direkt an den Krieg erinnert, der seit 13 Monaten am Rande der Europäischen Union geführt wird. Mir wäre es lieber, wenn wir zum friedfertigeren Miteinander der Weltbevölkerung zurückkehren könnten. Man muss aufeinander zugehen – im Großen, wie im Kleinen. Deshalb habe ich mich ja auch auf den Weg gemacht: 16 Kilometer vom Norden in den Süden! Stadtgrenze Herdecke bis Stadtgrenze Breckerfeld – weitere Wege hat meine Heimatstadt kaum zu bieten. Okay: zwischen Hohenlimburg und Haspe liegen auch Welten – und 17 Kilometer.

Der Krieg in der alten Heimat ist für die Familie von Ludmila Polikova aktuell nicht das einzige Problem. Für das, dem *Waldhotel Lemberg* angegliederte, Restaurant mit ukrainischer UND russischer Küche war das Hochwasser im Juli 2021 derart zerstörerisch, dass der Betrieb eingestellt werden musste. Übernachten kann man im *Waldhotel* mittlerweile wieder – die kulinarische Versorgung ist nicht gewährleistet. Noch nicht mal ein Frühstück. Gut, dass ich morgen sowieso eine dienstliche Reise durch Hagen antreten wollte – da werde ich irgendwo ein Frühstück erhalten. Und für den heutigen Abend werde ich wohl in der Gegend ein geeignetes Speiselokal finden.

Erst mal richte ich mich in Zimmer 2 ein, nachdem mir der Enkelsohn der Besitzerin Einlass zum Hotel gewährte und mir das geräumige Zimmer mit hohem Boxspringbett aufschloss. Schwarzweissgrau herrscht vor –

Shot

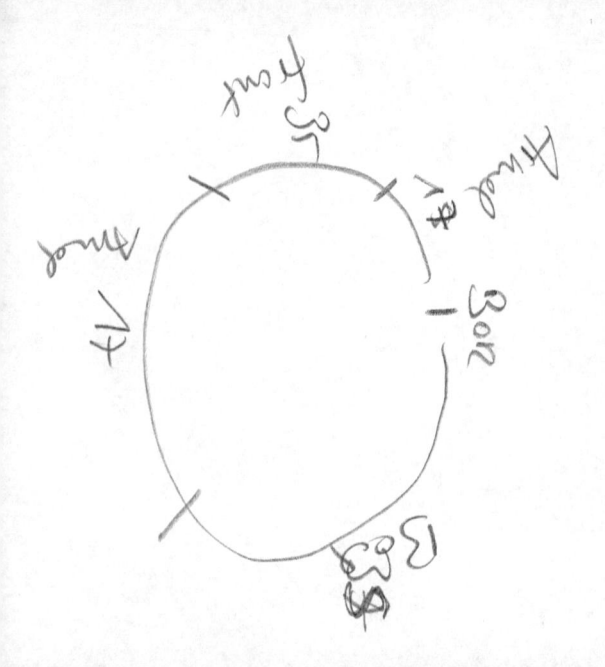

Front

Head #1

Bo1

B#3

IV / WALDHOTEL LEMBERG

mit einem orangenen Bettlaken als wohltuendem Farbeffekt. An der Wand hängt ein Poster vom ikonenhaften Kuss des Clark Gable zu Vivien Leigh. Zu mutmaßen, dass die Hoffnungen in der Ukraine ›vom Winde verweht‹ werden, würde dann doch eher zu weit gehen. Vielleicht ist es eher die Hoffnung, dass man historisch die Sklaverei abgeschafft hat – und somit auch Putins unsinnige Barbarei bald ein Ende findet. Aber ... wer will den küssen? Egal ... ich verliere mich im Thema.

Der Schlafbereich von Zimmer 2 hat einen kleinen Schreibtisch, über dem der obligatorische Flach-Bildschirm-TV angebracht ist. Vom minimalen Vorflur geht eine weitere Tür ab – ins Badezimmer. Beim vierten Hotelbesuch in meiner Heimatstadt ist es das erste Bad, welches nicht in dem Raumquadrat eingelassen wurde. Ein gefälliger Pluspunkt für das ansonsten eher schlichte (aber auf den ersten Blick sympathische) Haus.

18:30 Uhr. Verlasse das Hotel und begebe mich auf Nahrungssuche. Ist im Volmetal nicht irgendwo das berühmte ›Vertellken‹ von diesem Friedel Hiersenkötter? Frikadelle und Pils wäre für den Abend völlig ausreichend.

Scheitere allerdings bereits an einem kleinen Einkauf, der die Minibar im Hotel ersetzen könnte. Der *Edeka*-Markt hat nicht bereits um 18:40 Uhr an diesem Tag geschlossen – sondern ebenfalls seit dem Jahrhunderthochwasser vor 20 Monaten. Da auch der Shop der gegenüberliegenden *Märkischen Spezialitätenbrennerei* keinen Einlass gewährt, ist die alleinige Einkaufsmöglichkeit

IV / WALDHOTEL LEMBERG

die *Avia*-Tankstelle in Priorei. Wann habe ich eigentlich zum bisher letzten Mal eine Dose *Faxe*-Bier getrunken!? Abgründe tun sich auf – in der Einöde der Natur. Das ›Vertellken‹ finde ich auch nicht – dafür das Steakhaus International, welches erstaunlich gut besucht ist (was nochmals verdeutlicht, wie sehr der Volmetaler einen Nahversorger benötigt ...). Statt ›Bremsklotz‹ gibt es eine Bauernpfanne zum Bier.

In der Dunkelheit muss ich mich schwer konzentrieren, um beim zweiten Versuch die richtige Einfahrt zum Hotelparkplatz zu finden. Es gelingt. Bin erstaunt, dass noch ein paar Autos mehr dort stehen. Das *Waldhotel Lemberg* wird augenscheinlich gut frequentiert. Es scheinen ortsunansässige Handwerker zu sein, die den günstigen Preis des Hauses (zwei Übernachtungen, ohne Frühstück, für 144,- Euro im Doppelzimmer) zu schätzen wissen. Es ist auch wirklich alles vorhanden: saubere Zimmer, ausreichend Platz, nutzbares Interieur, viel Natur. Für eine Übernachtung braucht man nicht mehr ... und dann ist die Natur auch bereits absoluter Luxus. Mich kann man wirklich nur bedingt mit der ländlichen Natur beeindrucken. Aber wie der Epscheider Bach hier am Hotel entlangläuft hat schon fast Alpencharakter. Zuletzt hatte ich ein derartiges Naturrendevouz im bayrischen Oberstdorf. Beginnen in Priorei die Voralpen? Immerhin ist es der Süden – der Hagener Süden! Hier muss glücklicherweise nur keiner den dortigen Stern besingen! Drifte schon wieder ab. Wobei der Sport, wenn es auch eher Hand-, statt Fussball ist, im Volmetal sehr gross geschrieben wird. Darüber berichtet

IV / WALDHOTEL LEMBERG

ja täglich meine Tageszeitung – und die unzähligen Aushänge an der hiesigen *Avia*-Tankstelle im Viertel.

Kulturell werde ich VDBD hier wahrscheinlich nicht so schrecklich viel erleben. Müsste noch ein paar Filme streamen, meinen Lesetext für einen Auftritt am Donnerstag in Hohenlimburg proben und zudem will ich mir morgen die lange Fahrerei im Auto mit dem neuen Roman von Andrea Camilleris *Commissario Montalbano* als Hörbuch verschönern (werde den 25. Band dennoch im Hardcover kaufen, um meine entsprechende Privatsammlung zu vervollständigen) – aber vielleicht ist ein Trainingsbesuch im Volmetal-Dome ein adäquater Kulturersatz. Werde nach dem Wachwerden mal ein, zwei Telefonate dazu führen!

Auch wenn ich gerade die Hotels meiner Heimatstadt erkunde, so halte ich mich nicht für einen Hoteltester oder Berater. (Ist der Rezeptionist vom ehemaligen *Deutschen Haus* nun eigentlich der Geschäftsführer?)

Aber in der vergangenen Woche habe ich im Internet mit einem sommerlichen Kurztrip nach New York geliebäugelt und dabei einige Hoteltipps erhalten. Fast alle Übernachtungshäuser im Big Apple kokettieren mit ihrem Fitnessbereich (bekomme meine XXL-Sportgarderobe gar nicht zusätzlich in meinen Weekender ...) und der hypermodernen Urwaldtapeterie im Badezimmer. Die Hochwasserrenovierung 2021 hat den urbanen Metropolenflair bereits frühzeitig nach Priorei schwappen lassen! Falls es im Sommer mit NY nicht klappen sollte, buche ich mich vielleicht noch einmal hier ein!?

IV / WALDHOTEL LEMBERG

Die erste Nacht war nicht ganz optimal. Das Bett ist mir zu weich und lässt mich schlecht schlafen. Schaue, für mich früh, um 07:00 Uhr aus dem Fenster und vernehme, dass die anderen Hotelgäste bereits wieder unterwegs sind. Mein Wagen steht fast alleine auf dem Parkplatz. Gehe duschen und lese die Tageszeitung via Tablet. Schreibe die ersten Zeilen des Tages und werde mich nun auf die Suche nach einem Frühstück machen – und mit dem Camilleri-Hörbuch ›Die Botschaft der verborgenen Bilder‹ starten.

Wieso ist das charmante Café der Bäckerei / Konditorei *Linnepe* in Dahl morgens um 09:00 Uhr nicht bestens frequentiert? Frühstücke sehr angenehm in dem alten Fachwerkhaus, dessen Verkaufsbereich einen in die schöne Erinnerung der Kindheit zurückversetzt.

DahlerInnen – geht dort frühstücken oder trefft Euch nachmittags zu Kaffee und Kuchen. Nicht, dass das Café ein ähnliches Schicksal ereilt, wie der sonstige, sterbende Dorfcharakter.

Für mich war das *Café Linnepe* jedenfalls ein würdiger Ersatz für das fehlende Frühstück im *Waldhotel Lemberg*.

Gegen 15:30 Uhr bin ich zurück im Hotel. Werde eine kleine Pause machen und dann noch einmal im Volmetal aktiv werden. Pause bedeutet: Camilleri weiterhören, Despentes weiterlesen, ›Like a Loser‹ weiterstreamen ... oder doch zum verspäteten Mittagsschlaf einnickern. Das ist das gute Recht bei einem Hotelbesuch.

IV / WALDHOTEL LEMBERG

Es wird eine Mischung aus weiterhören und einnickern. Telefoniere dann noch mit zwei Freunden, die von meinem Hotelprojekt wissen. Dem Einen fällt während des Telefonats ein, dass er das Haus durchaus kennt. Erinnern wir uns an den Anfang meiner Aufzeichnungen. Für ihn war es damals der Punkt 5 der möglichen Gründe für einen heimatlichen Hotelbesuch. Der Kumpel tritt damit den Beweis an, dass man zum Fremdgehen nicht ein Hotel in einer anderen Stadt frequentieren muss.

Meine Volmetal-Frikadelle (samt Bier) bekomme ich dann doch noch. *Kötters Fritte* ist zwar nicht das ›Vertellken‹, aber wohl eine der besten Pommesbuden in der Heimatstadt. War früher bereits das Essen eine Wonne (wie man sich ja auch jedes Jahr auf dem Weihnachtsmarkt beweisen konnte), so ist der Wintergarten mittlerweile zu einer enorm trendigen Fast-Food-Location angewachsen, die so gar nicht mehr den Charme der früheren Frittenbuden versprüht. Die umfangreiche Speisekarte ist vielversprechend – den normalen Hamburger kann ich jedenfalls sehr empfehlen. Sowas muss man gar nicht immer beim amerikanischen Grossanbieter mit dem gelben ›M‹ kaufen.

Auf dem Weg zurück zum Hotel vergesse ich, dass ich noch beim Handballtraining vorbeischauen wollte. Also kein Sport bei diesem Ausflug in den Süden. Dafür darf ich jetzt noch etwas Textarbeit für die morgige Lesung vornehmen. Das ist ja auch eine Art von Kultur.

Der Parkplatz ist noch voller als am gestrigen Abend. Das freut mich für die Betreiberfamilie, welche

IV / WALDHOTEL LEMBERG

ich bei meinem Besuch nicht weiter kennengelernt habe.
Gehe den Flur zu Zimmer 2 mit einem Lächeln entlang.
Mit dem Wissen um den Besuch meines Freundes in diesem
Haus, erscheint mir der in Rot gehaltene Hausflur in
einem ganz anderen Licht!

Als ich am Vormittag vom *Lemberg*-Parkplatz fuhr,
erspähte ich hinter dem Gebäudekomplex einen grossen
Biergarten, der jahreszeitlich bedingt brach lag.
Er wirkte vielversprechend ... und einladend für eine
Zweiradtour im Sommer. Habe die Hoffnung, dass der
Ort nicht zu einem geheimnisumwitterten ›lost places‹
verendet.

In der zweiten Nacht habe ich mich anscheinend
an das Bett gewöhnt und schlafe besser (nachdem ich noch
länger einige Folgen der *ZDF*-Serie ›Like a Loser‹ ge-
streamt hatte). Zwänge mich durch die Schiebetüren der
Duschkabine, lese die Tageszeitung und verlasse vor
09:00 Uhr Zimmer 2 vom *Waldhotel Lemberg*. Auch heute
hinterlasse ich dabei einen leeren Parkplatz, da die
anderen Hotelgäste wahrscheinlich bereits längst an
ihren Arbeitsplätzen sind. Biege rechts auf die Osemundstraße und halte auf der Rückfahrt an der Priorlinde.
Selbst der Baumstumpf (auf dem moosansetzenden Schild
steht ›Torso‹) ist bei dem berühmtesten Baum Hagens
beeindruckend. 1000 Jahre Stadtgeschichte – gewachsen
auf dem guten Boden des Volmetals. Überquere, was
ich sehr ungern mache, am Ende der Osemundstraße einen
beschrankten Bahnübergang und stehe auf jener Brücke,
die wahrscheinlich irgendwann nach der ehemaligen
Bundeskanzlerin Angela Merkel benannt wird. Sie stand

IV / WALDHOTEL LEMBERG

hier, Wochen nach dem verheerenden Hochwasser 2021, und ließ sich von der Anwohnerschaft die Nöte nach der Katastrophe erklären. Als ich mir gestern die Fotos dazu anschaute, erblickte ich an der Seite der Ex-Kanzlerin den dauerlächelnden Armin Laschet. Der war damals Ministerpräsident in NRW und sollte die Kanzlerin für deren gemeinsame Partei im Amt beerben. So richtig in Erinnerung ist der Mann nicht geblieben.

Tanke den Wagen an dem dörflichen *Avia*-Supermarkt und nehme das Frühstück auch am zweiten Tag im *Café Linnepe* ein. Somit endet mein erster Hotelbesuch im Volmetal. Zwei weitere Besuche werden folgen: auf der Liste stehen noch die Häuser *Kehrenkamp* und *Dresel*.

AUF DEM KAMP

HOTEL · RESTAURANT
TAGUNGEN

Andere Ansicht!
Bessere Aussicht!

V / AUF'M KAMP

18.04. bis 20.04.2023

›Selbecker Kurkinder – das sind wir‹. Mit Unbehagen denke ich an die mehrwöchige Stadtranderholung zu Kindergartenzeiten (oder war es während der Grundschuljahre) in den Räumen des heutigen städtischen Kinderheimes in der Selbecke. Kurz hinter dem Parkplatz zum überregional bekannten Freilichtmuseum geht es, von Hagen kommend, rechts den Berg hoch. Ein kleines Schild weist den Weg. Wesentlich größer ist das Hinweisschild eine Einfahrt weiter – hinter der hiesigen Tankstelle. Eine große, grüne Leuchtreklame zeigt die Richtung zum Hotel und Restaurant *Auf dem Kamp* – meinem Domizil für die kommenden zwei Nächte.

Zuletzt war ich mal zu einer Aftershowparty nach dem Hagener Filmfest *eat my shorts* hier – schunkelnd mit Bondbösewicht Claude-Oliver Rudolph und seinem Boot-Kollegen Martin Semmelrogge. Die Selbecker Stiege als einzige Zufahrtstraße wurde damals von kleinen Bussen befahren – um das feierwütige Volk in die etwas abgelegene Herberge zu bringen.

Die Abgeschiedenheit mit der steilen Zuwegung ist das Eine – die wundervolle Aussicht eine wohltuende Entschädigung.

Komme heute direkt vom Büro hier an, mit einstündiger Verspätung zu meiner angedachten Planung. Die Mitarbeiterin des Hauses ist gerade damit beschäftigt,

V / AUF'M KAMP

einer fünfköpfigen Hagener Familie die möglichen Räumlichkeiten für eine anstehende Konfirmation zu zeigen. Das Haus ist seit Jahren eine Instanz in der Heimat für Familienfeiern. Stehe etwas verloren rum, bevor man sich meiner annimmt und meine Reservierung wahrnimmt. Habe in der Vorwoche aus den Unwägbarkeiten der ersten Hotelbesuche innerhalb meines Projektes gelernt und die kommenden drei Aufenthalte beim Internetportal *booking.com* gebucht. Die Rezeptionistin gratuliert mir zu dem selten günstigen Kurs. Das Doppelzimmer zur Einzelnutzung bekomme ich für 64 Euro pro Nacht – inklusive Frühstück. Bin für die Erkenntnis eines fairen Preises sehr dankbar und quittiere es mit einem zufriedenen Lächeln.

Mir wird Zimmer 25 zugewiesen. Erste Etage – am Ende des Ganges. Es erwartet mich ein gemütliches Holzinterieur, welches mich an frühere Urlaube in der Alpenregion erinnert. Vielleicht lässt die steile Hanglage in der Selbecke eine Verbindung zu den Alpen erkennen und man richtet in Bergregionen weltweit vergleichbar ein. Was weiss ich denn schon vom weltweiten Hoteleinrichtungsbusiness? Das Badezimmer geht vom Schlafraum ab – als eigenständiger Raum. Das Zimmer wirkt sympathisch und gewinnt noch durch den Balkon, auf dem ich für eine halbe Stunde Platz nehme und in einem Musikjournal über *Depeche Mode* und ihren Wegbegleiter Anton Corbijn lese. *Depeche Mode* geben vielleicht schon zum Beginn meines Aufenthaltes den richtigen Ohrwurm mit dem Evergreen ›Enjoy the silence‹ – genieße die Ruhe. Die ist hier zu genießen und wird höchstens vom Wiehern der Pferde auf der Weide unter-

V / AUF'M KAMP

brochen (aber keineswegs gestört). Den Moment kann ich
genießen, atme durch und freue mich über die Schönheit der hiesigen Natur und das aufblühende Frühjahr.

Die Stunde, die ich länger als geplant im Büro
verbracht habe, fehlt mir nun. Muss mich direkt fertig
machen, um mich mit einem befreundeten Pärchen und
ihrer, zwei Monate alten, Tochter im Restaurant zu
treffen. Pünktlich um 18:00 Uhr treffen wir dort fast
zeitgleich ein. Zwei weitere Pärchen von außerhalb
treffen in den nächsten Minuten ein und mit den sechs
Herren, die augenscheinlich auch Hotelgäste sind,
bilden wir die abendliche Belegschaft, die sich der
Kochkünste erfreuen. Der kulinarische Sound des Abends
ist definitiv das fleischschlagende Geräusch aus der
Küche. Hier werden die Schnitzel aber mal noch ganz
frisch zubereitet: von den 13 essenbestellenden Gästen
(die kleine Charlotte ist noch nicht geneigt, die
mütterliche Brust gegen Pommes & Co. einzutauschen),
gehen wenigstens 8 Schnitzel an die Tische. Vier Bestellungen hatte ich nicht im Blick – aber man darf auch
so behaupten, dass die diversen Schnitzel (ich kann
die Westfalen-Variante durchaus empfehlen, obwohl auch
die Paprika-Version beim Nebenmann auf Zustimmung
stieß) hier der Renner sind.

Die besagten sechs Herren Hotelgäste irritierten
mich dahingehend, dass sie alle um 20:15 Uhr bereits
auf ihren Zimmern verschwunden waren (obwohl neben dem
Restaurant auch noch ein gemütlicher Barbereich aufwartet). Vielleicht ist es aber die Tugend von heutigen
Monteuren und Handlungsreisenden, frühzeitig schlafen

51

V / AUF'M KAMP

zu gehen. Da auch die anderen Gäste bereits gegangen waren, waren Charlotte, ihre Eltern und ich für die kommende Stunde die einzigen und letzten Gäste. Der Koch und seine Küchenbrigade hatten bereits Feierabend – nur die zimmerzuweisende Rezeptionistin fungierte noch in ihrem heutigen Zweitjob als Kellnerin. Die Freunde machten sich auf den Heimweg und ich zahlte das Essen und nahm noch zwei Flaschen Weizenbier mit auf Zimmer 25 – obwohl ich gerne noch etwas Treiben an der Hotelbar genossen hätte. Wahrscheinlich ist ein Dienstagabend dafür nicht geeignet.

Nutze also den angefangenen Abend am niedrigen Couchtisch in Zimmer 25 für die ersten Zeilen zum fünften Besuch auf meiner Hotelreise durch die Heimatstadt.
Erinnere mich an einen weiteren Besuch hier im Haus. Ein Sechsaugengespräch in fast geheimer Mission: ›Dann kommst Du demnächst ins Theater und bekommst erstmal ein paar in die Fresse!‹ – das war der wundervolle Radio-Kommentar vom lokalen Verbreiter der Lebensweisheiten, Friedel Hiersenkötter. Er hatte vor 7 Jahren vernommen, dass sich der besagte Schauspieler Claude-Oliver Rudolph (gemeinsam mit seiner künstlerischen Partnerin Dr. Bettina Wilts) als Intendant am Hagener Theater bewirbt. COR, wie Rudolph gerne abgekürzt wird, hatte mit mir (in meiner Funktion als Aufsichtsratsvorsitzender der Theater GmbH) Kontakt aufgenommen, um seine Bewerbung konzeptionell vorzustellen und eine Einschätzung von politischer Seite zu erhalten. Etwas mehr als eine Stunde saßen wir zu Dritt auf der Sonnenterrasse vom Hotel. Hierbei lernte ich mit COR einen sehr aufgeräumten Menschen kennen, der nur wenig

V / AUF'M KAMP

gemein hatte, mit der öffentlichen Person, die in
Tigerfellimitatjacken und Jogginghosen mit Suspensorium
zur ewigen Sonnenbrille rumläuft. Spätestens nach
seinem Engagement beim deutschen Ableger von *Russia-TV*
(bereits damals schon ein putintreuer Fernsehsender),
war es erkennbar, dass eine damalige Tätigkeit am
Theater Hagen keine wirkliche Erfolgsgeschichte geworden wäre.

Doppelzimmer zur Einzelnutzung bedeutet, dass
auch nur eine Hälfte vom Bett bezogen ist. Die bezogene
Seite bereitet mir eine höchst angenehme Nacht, da
anscheinend auch auf der Weide Ruhe eingekehrt ist und
man wirklich keine Geräusche wahrnimmt – und vielleicht
deshalb auf die Toilettenspülung aus einem anderen
Hotelzimmer reagiert. Wache gegen 07:30 Uhr weckerlos
und erholt auf, nehme eine Dusche und komme als letzter
Gast eine Stunde später in den Frühstücksraum. Ein
(vielleicht urlaubendes) Ehepaar und zwei Herren, von
denen Einer wohl in die Gattung Geschäftsreisender
und der Andere in die Kategorie Beziehungsstress fällt,
teilen sich mit mir die sonnige Aussicht in das
Mäckinger Bachtal und die Reste vom Frühstücksbuffet.
Die kellnernde Rezeptionistin vom Vortag bringt mir
frischen Kaffee und legt noch einmal warme Brötchen
nach. Schweigend frühstücke ich und vernehme die
bekannten Stimmen von Timo Hiepler und Ralf Schaepe.
In den Räumen vom Restaurantbetrieb vertraut man
auf den heimischen Sender von *Radio Hagen*.

Würde mich jetzt gerne lesend auf den Balkon
setzen – werde aber erstmal ins Büro fahren müssen und

V / AUF'M KAMP

zuhause auf einen Handwerker warten. Sobald dieser am Nachmittag fort ist, werde ich zum VDBD-Projekt zum Familienbetrieb (in 3. Generation) zurückkehren.

Kaum bin ich im Büro, ändert sich mein Tagesplan deutlich. Disponiere um und bin gegen 16:30 Uhr zurück ›*Auf'm Kamp*‹. Von der dritten Generation der Familie Kalthoff ist für mich aber heute niemand mehr zu sprechen – morgen früh ab 06:30 Uhr (!?) steht der Chef allerdings, frühstückbereitend, für Fragen zur Verfügung – sagt die kellnernde Rezeptionist auf telefonische Nachfrage. Also setze ich mich wieder auf den Balkon und führe 45 Minuten dienstliche Telefonate. Als es definitiv dort zu schattig, frisch und windig wird, gehe ich zurück in das Zimmer 25 und diktiere noch einen Bericht. VDBD ist halt auch Arbeitszeit.

Da heute kein Leben im Restaurant ist, muss ich zum Abendessen woanders einkehren. Wenige Höhenmeter vom Hotel entfernt ist das Restaurant *Tanneneck*, wo ich bei meiner Ankunft gegen 18:30 Uhr über den vollen Parkplatz irritiert bin. Man weist mir dennoch einen Sitzplatz zu und ich speise besser, als ich es von meinen letzten (familiären) Besuchen dort in Erinnerung habe. Nutze die Zeit, in der ich auf das Essen warte, um mir die Bilder auf dem Mobiltelefon anzusehen, welche ich gerade gemacht habe. Ja – auf der Weide vor dem Hotel stehen Pferde. Und Esel. Und Ziegen. Und Alpakas. Es sind, glaube ich, die ersten Alpakas, die ich in der Natur erblicke – und natürlich bin ich umgehend schockverliebt! Wobei die laufenden Wollknäule mit

V / AUF'M KAMP

Helge-Schneider-Frisur in enger Sympathiekonkurrenz zu den beiden Eseln stehen. Gibt es coolere Tiere, als so stoische Grautiere?! Die neue Tierliebe hindert mich allerdings nicht daran, mir im *Tanneneck* einen Grillteller zu bestellen. Laut Speisekarte soll es vermehrt Schweinefleisch gewesen sein ...

In der Selbecke klappt die Infrastruktur etwas besser als in Dahl. Hier muss ich nicht an der Tankstelle halten, um mir für das Hotelzimmer noch einen Schlaftrunk zu kaufen. Der Supermarkt hat neumodisch bis 22:00 Uhr geöffnet. Mir hätte heute 20:00 Uhr gereicht – obwohl ich ja in der Eckeseyer Heimat sogar bis Mitternacht einkaufen könnte. Was der überzeugte Sozialdemokrat in mir natürlich seit Monaten, wenn nicht gar Jahren, ablehnt!

Setze mich also wieder an den kleinen Tisch in Zimmer 25 vom Selbecker Hotel *Auf dem Kamp* (oder doch ›*Auf'm Kamp*‹? – es wäre wahrscheinlich meine erste Frage an die 3. Generation), schreibe ein paar Zeilen und telefoniere mit einem Freund, der mich anruft. Er erzählt mir, dass er gerade aus dem Krankenhaus kommt, wo die Mutter seiner Freundin mit Leukämie wahrscheinlich nur noch palliativ behandelt werden kann. Gestern las ich bei Facebook eine Nachricht, dass auch eine langjährige Politkollegin in meinem Alter krebserkrankt ist! Krebs ist ein Arschloch! Wir kommen überein, dass man möglichst in den guten Zeiten des Lebens, dieses genießen sollte. In solchen Zeiten kann man beispielsweise auch mal die Hotels seiner Heimatstadt besuchen. Einfach so ... um das Leben zu feiern

V / AUF'M KAMP

– oder sich an dem dumpfen Gesichtsausdruck von Alpakas zu erfreuen. Was bieten mir diese zwei Übernachtungen am Rande meiner Heimatstadt kulturell? Hatte mir zuvor nicht wirklich etwas überlegt oder im Hagener Kulturkalender herausgesucht. Aber ich habe noch einen Fotoband im Gepäck. Zwischen der vierten und fünften heimischen Hoteltour war ich für ein paar Tage in Paris, wo ich mich auch mit der Liebesbeziehung von Jane Birkin und Serge Gainsbourg beschäftigt hatte. Zurück in der Heimat habe ich mir weitere Literatur zu dieser außergewöhnlichen Vertrautheit besorgt – u.a. den Fotoband von Tony Frank über den französischen Chansonnier. Werde nun also etwas Musik von Gainsbourg hören, ein Glas Wein trinken und mich der Fotokunst hingeben ... während in der Nachbarstadt gerade Helene Fischer auf der Bühne steht. Dann doch lieber den Mann mit der *Gitanes* ...

Hatte am Morgen einen jährlichen Arztcheck und somit nicht die erhoffte Muße für ein relaxtes Ende ›*Auf'm Kamp*‹. Aber immerhin lernte ich beim Frühstück noch den Hausherrn Paul Kalthoff kennen, mit dem ich einen kurzen Austausch hatte. Er hatte bereits von meinem Projekt gehört und war relaxt, was meine Aufzeichnungen betraf. Die Frage nach dem aktuell korrekten Namen des Hotels konnte er mir auf die Schnelle auch noch beantworten: es ist beides richtig, *Auf dem Kamp* und ›*Auf'm Kamp*‹! Die neuere, ausgeschriebenere Schreibweise ist der Modernität des Internets geschuldet. Paul Kalthoff zeigt sich aber selber irritiert von der

V / AUF'M KAMP

Schreibweise zu Gunsten des weltweiten Netzes. Mit den ganzen Bindestrichen ist ›info@auf-dem-kamp.de‹ schon eine lange Schreiberei. Egal, wie es geschrieben wird: der Ausblick, die Schnitzel, die Idylle, der Biergarten, die illustren Gäste, die Ruhe, die Alpakas – das Haus an der Selbecker Stiege ist einen Besuch wert.

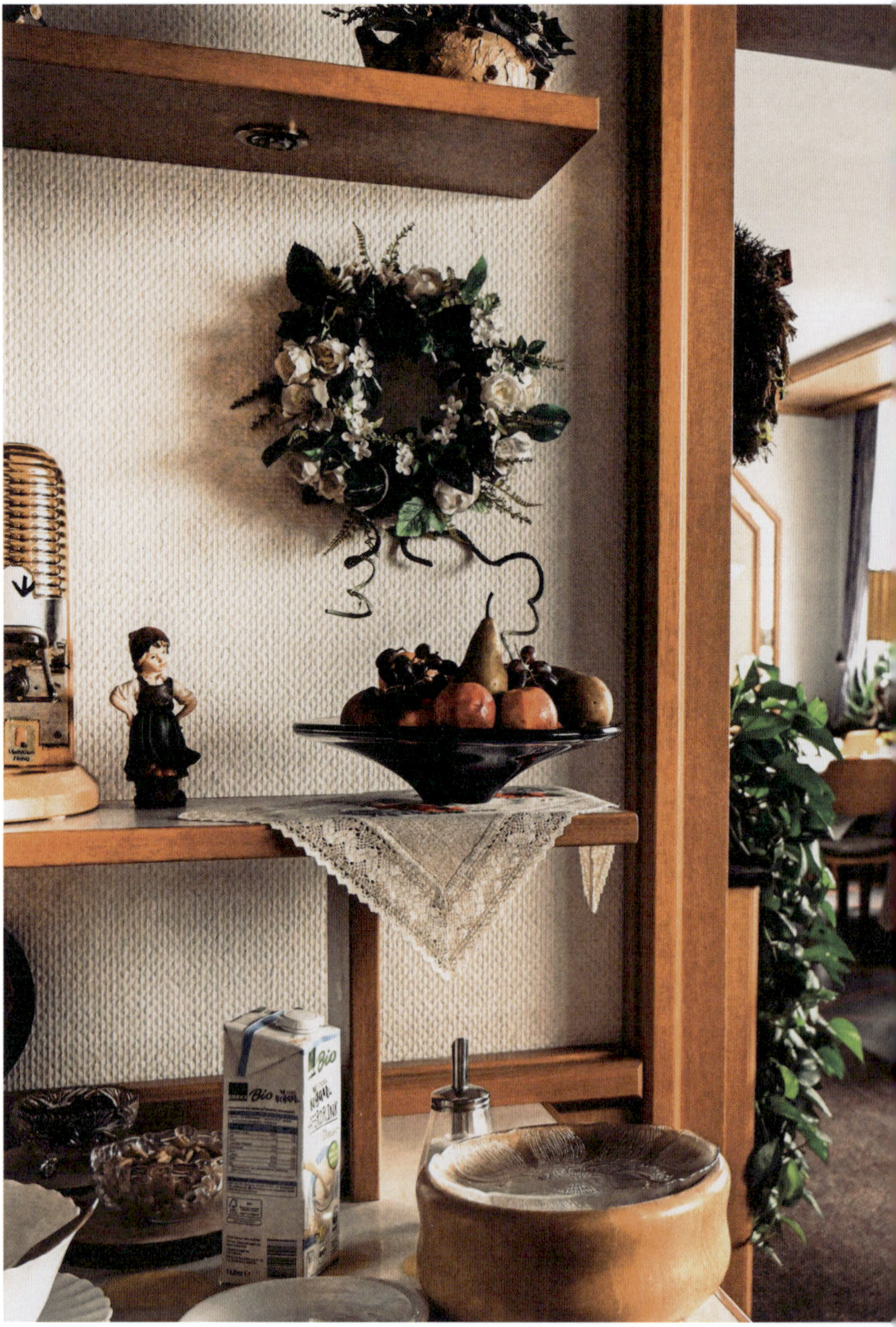
Bio

VI / HAUS KEHRENKAMP

VI / HAUS KEHRENKAMP
02.05. bis 04.05.2023

Zurück im Hagener Süden – am Fuße der früheren Luftkurklinik, die heute auf den minderschöneren Namen *Vamed* (immer noch besser als das unaussprechliche *Agaplesion*) hört. Ambrock kennt man als Hagener, der nicht vom heimatlichen Süden stammt, nur in Verbindung mit dem abgelegenen Krankenhaus und dem großen Steinbruch, der nicht zu den Naherholungsgebieten der Region gehört – anders als sein Pendant zwischen Emst, Herbeck und Hohenlimburg. Und das *Haus Kehrenkamp* kennt man auch – vom Vorbeifahren im Kreuzungsbereich der vielbefahrenen Bundesstraße 54 zum Hamperbach. Vielbefahren ist mein Stichwort: mir war die Zufahrt zum Parkplatz bei der Ankunft versperrt, da zwei Polizistinnen kurz vor mir eintrafen und einen Unfall aufnahmen. Der PKW-Fahrer wirkte immer noch etwas außer sich, bei der aufgeregten Schilderung seiner Begegnung mit einem warnblinkenden LKW. Dessen Fahrer wirkte allerdings entspannter. Keine Ahnung, was wirklich vorgefallen war. Zumindest sah man keine Verletzten und mitleidenswerten Blechlawinen, die eine Fahrt nicht hätten fortsetzen können. Beim späteren Blick aus dem Fenster lief der Verkehr wieder einwandfrei.

Das Zimmer hatte ich bereits vor einigen Wochen im Internet gebucht. Der Schlüssel für die 15 liegt am Empfangstresen – mit mehreren anderen Schlüsseln und einer Liste, welchem Gast welches Zimmer zugewiesen

VI / HAUS KEHRENKAMP

wurde. Man muss wissen: eigentlich ist der Dienstag der geschlossene Tag im *Kehrenkamp*. Merke: schaue Dir gut an, ob Du dienstags in Hagen wirklich ein Hotelzimmer benötigst?!
Zimmer 15 liegt in der zweiten Etage – was mich natürlich überrascht. Wahrscheinlich lag die Überraschung in erster Linie an der Tatsache, dass ich für den Aufstieg (!?) keinen Aufzug entdeckt hatte. Meine Weisheit, dass die erste Zahl automatisch die Etagenzahl des Hauses preisgibt, ist somit eliminiert. Man lernt nie aus – auch nicht in Hagen. Zimmer 15 geht zur Bundesstraße raus. Eindeutig ein Doppelzimmer zur Einzelnutzung. Kissen und Bettdecke sind quer im Bett angerichtet. Rotgestreifter Teppichboden trifft auf grün (Bett und Schreibtisch) und 80er-Jahre-Braun (Flur- und Badezimmertür). Richte mich ein – in dem Raum, der für die kommenden 40 Stunden meine Heimat sein wird. Während *Spotify* mir klassische Musik entgegenwirft, schreibe ich die ersten Zeilen und fühle mich recht gut aufgehoben. Von der Hauptstraße bekomme ich erstaunlich wenig mit. Immerhin bin ich direkt am Einfahrtsbremsweg der Deutschen Bahn zum Hagener Hauptbahnhof großgeworden – da ist man durchaus nicht empfindlich für eine gewisse, monotone Geräuschkulisse, die hier allerdings von der guten Innung der Glaser bestens gedämpft wird.

02. Mai 2023, 18:40 Uhr – Zeit für ein Abendessen. Werde mal schauen, was ich beim Eingang mit einem Auge las: ›Dienstags nur für Hotelgäste – ab 17:30 Uhr‹. Vielleicht gibt es ja doch was zu Essen im Haus. Oder wo wird mich die kulinarische Versorgung hinführen?!

VI / HAUS KEHRENKAMP

02. Mai 2023, 19:00 Uhr – es ist der Zeitpunkt, an dem ich spätestens anfange, mein Hagener Jahresprojekt zu lieben. Die gastgebende Familie, im Viertel nur bekannt als ›wir gehen mal zu Dragan‹, bewirtet am geschlossenen Dienstag knapp 15 Gäste zum Abendessen. Mehr, als sich mancher Gastronom deutschlandweit an einem Tag der offenen Tür wünscht! Gönne mir, wie es sich (nicht nur) im Hagener Süden gehört, ein *Vormann*-Alt vom Fass und bin von der Speisekarte überrumpelt. Das Kind aus dem Norden wusste nicht, dass sich seit vier Jahren hinter den Mauern des *Haus Kehrenkamp* eine Mischung aus deutscher und mediterraner Küche befindet. Während der Hausherr den Tresen bearbeitet, beherrscht seine Frau in aller Seelenruhe die blankgeputzte Gastroküche, die man von einem der drei Governmenträume durch die geöffnete Tür einsehen kann. Dieses kleine Symbol der offenen Tür hat schon immer für Vertrauen in die Küchenkünste gesorgt!

Die Vorsuppe ist vielleicht nicht frischgekocht – aber die hohe Temperatur würde selbst meiner heiß essenden Mutter gefallen. Dann bin auch ich beseelt, genau wie vom anschließenden Ambrockteller – der Schlachtplatte mit Bratkartoffeln und Salat (für das Gewissen). Das *Vormann*-Alt perlt gut beim Essen und gibt mir Zeit und Raum, mir über Pächter und Gäste einige Gedanken zu machen. Später erzählt mir der Hausherr, dass selbst Gäste aus dem (ebenfalls dienstags geschlossenen) *Hotel Dresel* zum Essen (und den zwei obligatorischen Weißweinen und einem Mineralwasser) vorbeikamen. Regelmäßige Besucher aus den Niederlanden, die sich mit den Häusern im Hagener Süden arrangieren.

VI / HAUS KEHRENKAMP

Dragan Livancic erzählt mir auch von der weiteren Verbundenheit zwischen dem *Haus Kehrenkamp* und dem *Hotel Dresel*. Seit Jahren feiert das Team von der Lüdenscheider Stadtgrenze ihre ganz persönliche Weihnachtsfeier beim anderen Hotel ... nach der Hoch-Zeit des christlichen Wiegenfestes im Januar des Folgejahres. Dass er ausgelassene Feiern zelebrieren kann, beweist Dragan Livancic seit über 15 Jahren in der Gegend zwischen Eilpe und Priorei. Die Hand- und Fußballer der Region könnten einige Anekdoten von wilden Feten mit Spanferkel vom Grill und heimischen Bier erzählen. Ist Dragan L. vielleicht die heimliche Vorlage für Hiersenkötters Norbert? Werde mich morgen Abend mal nach bremsklotzartigen Frikadellen erkundigen!

Davor liegt allerdings eine sehr angenehme Nachtruhe. Trotz der Fensterseite zur B54, die hier Delsterner Straße heißt. Vielleicht sorgte aber auch der Altbier-Genuss bei Tisch für eine nötige Bettschwere. Es liegt sich gut im Doppelbett für die nächsten, weckerlosen 7 ½ Stunden. Nach der Dusche gehe ich in den Frühstücksraum, wo ich auf eine seltene Spezie von hiesigen Hotelgästen treffe. Kein Handlungsreisender (habe gestern noch eine Ausgabe des Arthur-Miller-Buches vorbestellt), kein Handwerker, kein touristisches Ehepaar, sondern eine junge Frau, die wenig später ihre *Superman*-Baumwolltasche nahm und das *Kehrenkamp* verließ. Zu Fuß – Richtung Luftkurklinik (hört sich immer etwas wie ›Luftaussichtsbaracke‹ an – und zack ... der nächste Ohrwurm). In meiner Vorstellung hat die Dame dort um 09:00 Uhr ein Bewerbungsgespräch. Wenn es so ist, drücke ich ihr die Daumen.

VI / HAUS KEHRENKAMP

Vielleicht besucht sie aber auch, nach dem steilen Fußmarsch zur Klinik, eine angehörige Person. Der wiederum würde ich eine rasche Genesung wünschen. Krankenhäuser haben fast immer einen bedrückenden Charme (vielleicht mit Ausnahme von Geburtskliniken). Als ich vor 10 Jahren mal einen Krankenbesuch am Ambrocker Weg abstattete, war ich von der Aussicht aus dem Zimmer sehr angetan. Es erinnerte an das Glottertal und man rechnete damit, dass einer der Herren Dr. Brinkmann jeden Moment eintreten würde - oder zumindest Oberschwester Hildegard. Hagen hat unbestreitbar seine sehr schönen Seiten und der Blick ins Volmetal gehört eindeutig dazu.

Das Frühstücksbuffet bietet die gewünschte, fast schon standardisierte, Bandbreite. Auch wenn ich eher zu den letzten Gästen am Morgen gehöre (18 der 19 Zimmer des Hauses sind aktuell belegt, wie der Hausherr mir gestern Abend berichtete), ist noch eine reichhaltige Auswahl vorhanden. Mich als Kaltvegetarier interessiert allerdings meistens nur die italienische Nussnougatcreme und eine Wahlmöglichkeit bei Marmeladen. Wie gesagt: alles vorhanden. Und der Kaffee im Kännchen schmeckte auch zum Tagesbeginn.

Ziehe mich nach dem Frühstück in Zimmer 15 zurück. Meine Arbeit, die ich ja dennoch verrichten muss, habe ich mir mitgebracht. Bis zum Mittagessen werde ich Berichte und Stellungnahmen für die auftraggebenden Amtsgerichte diktieren und schreiben. Freue mich darüber, dass das Hotelrestaurant auch am Mittag für 3 Stunden geöffnet hat. Meine Tagesstruktur ist gerettet!

VI / HAUS KEHRENKAMP

Das Projekt zum Mittagessen heißt heute ›Kochen mit Kirschen‹. Die bretonische Pfefferpfanne ist nicht die zuvor angedachte Kleinigkeit als Mittagssnack – aber sündhaft lecker. Zum Schweine- und Rinderfilet in Rotweinsauce gesellen sich Schattenmorellen. Interessant. Die Sonne, die es leider noch nicht zulässt, ernsthaft den Biergarten zu frequentieren, lädt zur Weißweinschorle – welche wiederum auch gut zum bretonischen Essen passt. Es sind eindeutig Geschäftskunden, die im *Kehrenkamp* ihren Businesslunch verzehren. Wenn man den Gesprächen im Speisesaal minimal folgt, fragt man sich schon, wie wichtig einzelne Geschäftsbeziehungen sind. Den Zusammenhang zwischen der Autozulieferindustrie und den Stellenkürzungen beim *ZDF* bekam ich nicht mit. Allerdings hatte ich das Gefühl, dass die beiden Herren mehrfach aneinander vorbeiredeten. Nach dem Espresso zurück in Zimmer 15. Es wäre eine angemessene Zeit für einen Mittagsschlaf. Nachdem ich aber in meiner beruflichen Tätigkeit erhofft erfolgreich war, muss ich jetzt noch wenigstens einen Besuch bei einer neuen betreuten Person vornehmen. Glücklicherweise wohnt die Dame im Volmetal. Wenn man schon einmal hier ist ...

Entdecke im Hotelfoyer einige Werbehefte der Hagener Stadtbücherei und frage mich, warum ausgerechnet diese wundervolle Kulturinstanz in einem Hotel wirbt. Quittiere es aber mit einem zufriedenen Lächeln. Immerhin werde ich dort am Abend mein heutiges Kulturprogramm genießen. Gibt es Zufälle?

VI / HAUS KEHRENKAMP

Bin etwas überrascht, dass die Comiclesung mit Ralf König früher als gedacht beginnt. Komme somit etwas unter Zeitdruck, um die Buslinie 510 zu erwischen, die mich in 15 Minuten für 3 Euro bis zur Springe bringt. Auf dem zentralen Marktplatz hat die Bücherei ihren Standort und zelebriert dort aktuell die 4. *Hagener Literaturtage*. Es ist eine Reise in die eigene männerbewegte Vergangenheit, wenn man über Comics lacht, die seit 40 Jahren auf dem Markt sind. Kann mich kaum erinnern, wann ich zuletzt derart herzhaft gelacht habe. Der Kölner König bringt die Neigungen der Menschen, egal welcher sexuellen Orientierung, trefflich pointiert aufs Papier.

Mit Freunden gehe ich nach zweistündigem Kulturgenuss in die Lieblingsbar – dem bereits erwähnten *Cave 66*. Der Pfeffertopf vom Mittag wirkt noch nach, sodass ich nur einen kleinen Snack schaffe. Den aber immerhin mit zwei Gläsern vom grandiosen portugiesischen Rovisco-Rotwein.

Für weitere 3 Euro bringt mich der Nachtexpress 4 zurück in den Süden. *Haus Kehrenkamp* hat sozusagen eine eigene Bushaltestelle. Selbst wenn diese untypisch nach dem Quartier und nicht nach dem Hotel benannt ist, kann man zentraler kaum angebunden sein. Hatte etwas Hoffnung, dass die Hotelbar mir gegen 23:30 Uhr noch einen Absacker ermöglicht. Da das leider nicht der Fall ist, ziehe ich mich auf Zimmer 15 zurück und befasse mich mit dem Thema der abendlichen Lesung, dem männlichen Pendant der Menopause. Hatte bisher wenig vom

VI / HAUS KEHRENKAMP

›Tod des Mannes‹, der Andropause gehört. Da ich aber in der entsprechenden Altersgruppe bin ... nunja ...

Müde, aber völlig zufrieden, gehe ich in die zweite Nacht – und wundere mich erneut, wie leise ein Hotelzimmer an der Bundesstraße 54 sein kann.

Beim zweiten Frühstück wird mir ein Rührei angeboten, was mich zufrieden in den Tag kommen lässt. Ebenso, wie die Musikauswahl, die mich die beiden Tage in den Gasträumen schwelgen ließ. Bei mir gewinnt jeder, der Musik von *U2*, den *Stones* oder *Barclay James Harvest* spielen lässt. Die 80er-Jahre lassen mich nicht los – in der Musik und bei der Charmeoffensive eines familiengeführten Hotels am Rande der Stadt.

Keine Ahnung, wie häufig ich in meinem Leben ein Hotelzimmer in Hagen benötige. Das *Haus Kehrenkamp* mit den derzeitigen Pächtern ist auf jeden Fall eine Wahlmöglichkeit ... und auf die saisonale Spargelkarte werde ich vielleicht schon frühzeitiger einmal zurückkommen. Beim Auschecken verabschiede ich mich von Dragan Livancic zumindest mit einem ernstgemeinten ›Auf Wiedersehen‹.

schon was
Vormann
.vormann1877.de
Köstritzer
SCHWARZBIER
Benediktiner
Weissbier
Bitburger

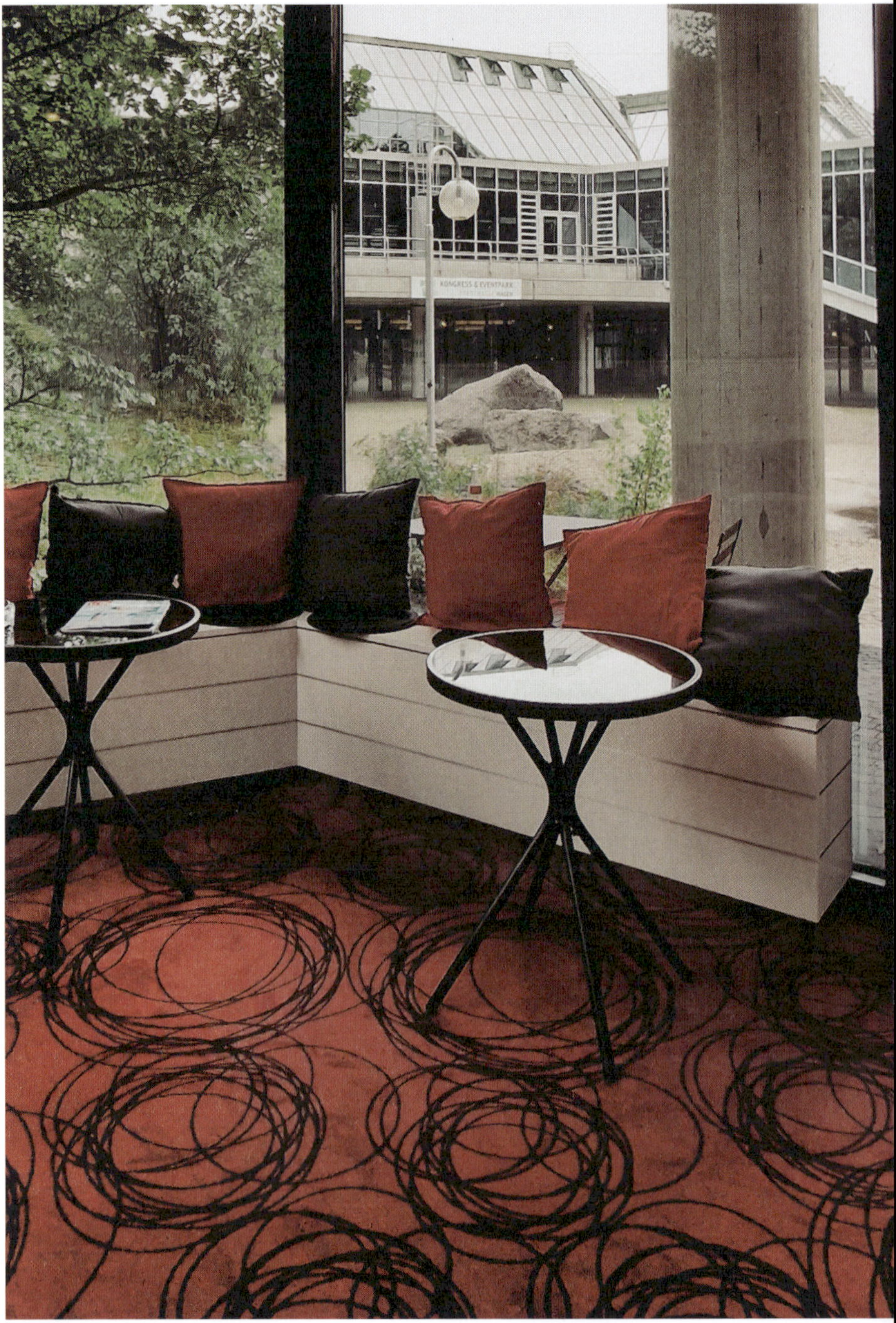
KONGRESS & EVENTPARK
HAGEN

VII / MERCURE HOTEL

VII / MERCURE HOTEL
16.05. bis 18.05.2023

Hier war ich schon mal – in meiner Funktion als Dolmetscher einer deutsch-chinesischen Wirtschaftsdelegation. Zumindest lernte ich im Austausch mit der asiatischen Kollegin eines der 146 Zimmer kennen. In meiner Erinnerung sind die Räume eher klein. Was mir vor einem Vierteljahrhundert aber sehr egal war.

Jetzt kann ich mich über Zimmer 307 nicht beschweren. Das Boxspringbett lässt die Doppelzimmernutzung zu und fügt sich mit der obligatorischen weißen Bettwäsche hervorragend in die Brauntöne des Interieurs. Werde es hier gut die nächsten zwei Nächte aushalten. Das Fenster geht ›nach hinten raus‹, also in die Felsenkluft, in die das seinerzeit neumodische Haus zeitgleich mit der heimischen Stadthalle vor circa 50 Jahren gekloppt wurde. Wäre da nicht der Blick auf die zwei Wohnblöcke oberhalb der Felsen, wäre es geradezu idyllisch. Es dominiert das satte Grün, welches sich in dem nebenliegenden Kultur-Wohnzimmer der Stadt architektonisch namensgebend wiederspiegelt.

Die zunehmenden Hotelbesuche bringen es mit sich, dass ich sogar mein kleines Gepäck in den Kleiderschrank räume und den Kulturbeutel direkt im Badezimmer verstaue. Da der Arbeitstag etwas aufreibend war, genieße ich die erste Erholung im Bett. Mache mich gegen

VII / MERCURE HOTEL

19:00 Uhr auf in die hauseigene Gastronomie. Immerhin nimmt das *Mercure* an den Abenden der Hotelbars in meiner Heimatstadt teil. Nach den exzellenten Erfahrungen im *SAXX* liegen meine Erwartungen durchaus hoch – und auch vom Restaurant *Felsengarten* möchte ich mich gerne positiv überraschen lassen.

Nunja. Wahrscheinlich ist es schwer, in einem solch großen Haus eine adäquate gastronomische Abendkarte vorzuhalten. Es gibt ein Schnitzelbuffet – mit drei Saucen, etwas Salat und zwei Kartoffelarten. Nicht unlecker zum Wein. Wichtig ist halt nur, dass man auch Schnitzel mag. Das ist bei mir Nicht-Vegetarier glücklicherweise gegeben. Die Bar, gegenüber vom Restaurant gelegen, hat sechs Tresenhocker und mehrere Stehtische, die sich für die Kleingruppen diverser Besuchergruppen (vermutlich gerne irgendwelche Firmenkollegien) bestens eignen. Der Musiksender, der gegenüber vom Tresen auf einem TV-Display läuft, bestimmt die Barmusik. Vor dem Essen gibt es einen Bellini als Aperitif und nachher einen unfassbar süßen Mojito. Während sich im Restaurant am Abend sieben Personen aufhalten, füllt sich die Bar später merkbar. Es ist ein Dienstagabend in einem Haus der namensgebenden Hotelkette am Rande des Ruhrgebietes – oder am Rande des Sauerlandes (je nach Blickwinkel).

Im *Mercure* stimmt übrigens meine persönliche Zimmerwahrnehmung wieder. Zimmer 307 ist wirklich in der dritten Etage. Bevor ich zur Nachtruhe auf das Zimmer gehe, lasse ich mich mit dem Fahrstuhl in die siebte (und somit oberste) Etage fahren. Das nächtliche Hagen ist gegen 22:30 Uhr von den Flurfenstern nicht

VII / MERCURE HOTEL

besonders gut zu erkennen. Vielleicht gibt es morgen bei Tageslicht einen interessanteren Ausblick. Oder aus einer der beiden Suiten, die hier nicht nach den ersten prominenten Gästen benannt sind, sondern nach geografischen Orientierungen: dem Felsengarten und dem Goldberg. Wären die besonderen Zimmer in der oberen Etage nach der Prominenz benannt, würde ich mir wünschen, dass es die *Weather-Girl*-Suite geben würde.

Izora Armstead und Dynelle Rhodes waren es wahrscheinlich (man weiß das bei den familiären Besetzungswechseln der Wettermädchen ja nicht so genau), die sich vom Hotel zu einem Auftritt in die Stadthalle mit dem Taxi fahren ließen!? Persönlich bin ich ein großer Förderer der heimischen Taxi-Innung, aber diesen Weg halte selbst ich für völlig übertrieben. Der Einstieg in die beige Limousine wird länger gedauert habe, als der überdachte Fußweg zur Halle. Es ist jene Halle, die deutschlandweit Berühmtheit erhielt, als bei der Samstagabendkultsendung *Wetten, dass ... ?* ein Acht-Tonnen-LKW erfolgreich auf vier Biergläser gesetzt wurde. Berühmtheit kann man so über vier Jahrzehnte behalten. Zumindest in Hagen. Mit Frank Elstner, Rolf Zuckowski und Johannes Mario Simmel (kennt den noch jemand?) waren damals wahre Legenden zu Gast in den Häusern am Wasserlosen Tal!

Mit rührenden Gedanken an die mütterlich-vorbereiteten Obstteller zur Samstagabendfernsehgestaltung der Kindheit schlafe ich selig ein – und durch.

Meine Erinnerung scheint, die Zimmergröße betreffend, nicht glaubhaft. Das Badezimmer jedoch ist das Kleinste meiner bisherigen Bereisung. Es scheint

VII / MERCURE HOTEL

vom selben Innenarchitekten entwickelt worden zu sein, der auch die Bäder der stadteigenen Wohnungsbaugesellschaft geplant hat (zumindest in dem Gebäudekomplex, in dem ich wohne). Der Mann (oder die Frau) schaffte es allerdings, die Flügeltür der Duschkabine meinen Körpermaßen gerecht anzupassen. Absoluter Pluspunkt auf so kleiner Fläche.

Das gestrige Schnitzelbuffet wich am Morgen dem Frühstück, welches sich umfangreicher präsentierte. Auch hier: alles vorhanden, was mehr als notwendig ist. Zur Feier der Buffetanrichtung gönne ich mir neben dem obligatorischen Rührei auch mal frisches Obst – wahrscheinlich als Nachgang zu den gestrigen Einschlafgedanken.

Um einen beruflichen Termin in Schwerte wahrzunehmen, verlasse ich für zwei Stunden das Hotel und kehre zur Mittagszeit zurück. Habe etwas Zeit für ein paar Zeilen und warte auf den *Radio-Hagen*-Redakteur und Moderator Robin Hiermer. Wir haben uns zu einem Interview über das VDBD-Projekt verabredet. Damit sich das vernünftig und sendefähig entwickelt, treffen wir uns vorsichtshalber zur Mittagszeit ... und nicht am Abend an der Hotelbar. Zuvor habe ich der Hausmanagerin Christiane Straube mitteilen lassen, dass ich im Hause bin – und ›die Presse‹ gleich auch. Der Funkfuzzi talkt mit mir auf der sonnengefluteten Terrasse des Restaurants. Es muss dann doch ein kühles Bier dabei sein: so schmeckt der Sommer. Der Redakteur trank ebenfalls ein großes Bier – alkoholfrei. Von der Gastroterrasse fuhr Robin Hiermer direkt in das Funkhaus

VII / MERCURE HOTEL

und plant zum Nachmittag eine erste Berichterstattung. Bin gespannt auf das Ergebnis und die Reaktionen darauf.

Mit dem Jahrhunderthochwasser 2021 verlor ich meinen Dienstwagen und fahre seitdem eine kostengünstige Alternative. Seit geraumer Zeit beschäftige ich mich, als totaler Anti-Motoristi, mit einer adäquaten Neuanschaffung und schaue am Nachmittag beim französischen Autohändler vorbei, der wenige Meter hinter dem Hotel liegt. In der heutigen Zeit bekommt man als interessierter Kunde gar keine wirklichen Auskünfte mehr – nur eine kleine Scheckkarte mit einem Motiv vom möglichen Wagen – versehen mit einigen QR-Codes. Alle Infos kann man sich dann auf das Handy laden. Mir wäre mehr nach persönlichem Support. Aber ich bin ja auch erst am Anfang der Suche.

Der Funkfuzzi hält sein Versprechen. Zwei Stunden nach unserem Treffen sind auf den neumodischen Socialmediakanälen etliche Hinweise auf den aktuellen *Radio-Hagen*-Podcast zum Hagener, der alle heimatlichen Hotels besucht. Es gibt direkt einen freundlichen Anklang bei ebensolch heimatverbundenen HagenerInnen – und von einer altbekannten Ewig-Frustrierten, sofort die geifernde, öffentliche Nachfrage, wer das Projekt denn zahlt. Auch an dieser Stelle wiederhole ich es gerne. Das VDBD-Projekt ist meine reine Privatangelegenheit und wird allein von mir finanziert.

Auf dem Weg zum abendlichen Gastspiel von Gerburg Jahnke mit den Herren Schmickler, Eckenga und Stoppok in der Stadthalle, genehmige ich mir noch einen Aperitif

VII / MERCURE HOTEL

an der Hotelbar. Die Empfehlung des Hauses, ein ›Moulin Rouge‹ bringt mich in die korrekte Stimmung für höchstgehaltvolle Unterhaltung – fernab einer platten neudeutschen Comedyberieselung. Allerdings: nach Ralf König war es die nächste Kulturveranstaltung, in der es um den menschlichen Alterungsprozess ging. Der Dortmunder Eckenga brachte sogar die Vorsorgevollmachten humorig auf die Bühne. Zeitgleich bittet Frau Jahnke darum, demnächst mit Sky du Mont die Werbung für den *Trumpf*-Pralinenklassiker ›Edle Tropfen in Nuss‹ machen zu dürfen. Sie möchte damit den neuen Markenbotschafter Roland Trettl verhindern.

Im Vorfeld hatte ich gedacht, den Restabend an der Hotelbar mit dem Bühnenpersonal zu verleben. Ein, zwei Bier mit dem Kölner Wortakrobaten Wilfried Schmickler und ein spätes Einstimmen von ›Aus dem Beton‹ mit Stefan Stoppok – Arm in Arm am Tresen. Dass das nichts wird, bemerke ich, als ich das Hotel um 22:30 Uhr, direkt nach dem Schlussapplaus, betrete. Die Hotelbar ist nicht besetzt, sodass mir nur übrig bleibt, eine Flasche Wein mit auf das Zimmer 307 zu nehmen. Die Servicekraft ist freundlich bemüht und findet eine Flasche vom gewünschten Malbec. Zum Genuss kommt es allerdings nicht – die junge Frau schickt nach weiteren 15 Minuten Wartezeit ihren etwas älteren Kollegen. Dieser überbringt die Neuigkeit, dass man um diese Uhrzeit keinen Korkenzieher im gesamten Haus findet!? Die Überlegung, einen Korkenzieher vom 4,6 Kilometer entfernten Wohnsitz zu holen, verwerfe ich wieder – und freue mich auf die Flasche Selters, die in Zimmer 307 auf mich wartet. Lernziel:

VII / MERCURE HOTEL

demnächst ein geeignetes Survivalkit vom führenden
Schweizer Messerfabrikanten bei sich haben. Schreibe
noch ein paar Zeilen, höre etwas Musik von Stoppok
und bereite mich auf die zweite Nacht vor.

Höchst entspannt und frisch geduscht geht es zum
Frühstück, welches heute zur gleichen Uhrzeit mehr
frequentiert ist. Zum Rührei und sehr kross gebratenen
Speck gibt es zur Feier von Christis Himmelfahrt auch
Uli-Hoeneß-Gedächtniswürstchen und Partyfrikadellen. Der
Tag startet im Vier-Sterne-Haus besser, als der Vortag
endete.

Genieße an der großen Fensterfront des Frühstückraumes die Sonne und erinnere mich, dass ich vor
genau einem Jahr im liebenswerten Hotel *Magdas* am Wiener
Prater eingecheckt habe. Das caritative Haus wirbt
mit seinem internationalen Personal und ist zeitgleich
ein soziales Arbeitsprojekt für Flüchtlinge in der
österreichischen Hauptstadt. Bei dem oftmals in Frage
gestellten Hotelplatzmangel in meiner Heimatregion
(es wird aktuell ein weiteres Hotel im Hagener Bahnhofsviertel gebaut), wäre das *Magdas* doch ein schöner
Grundgedanke für *AWO*, *Caritas* und / oder *Diakonie*. Zumindest die Internationalität der Mitarbeiterschaft
könnte auch das *Mercure* hervorheben - oder die zukünftige Kooperation mit einer Firma, die Korkenzieher herund zur Verfügung stellt.

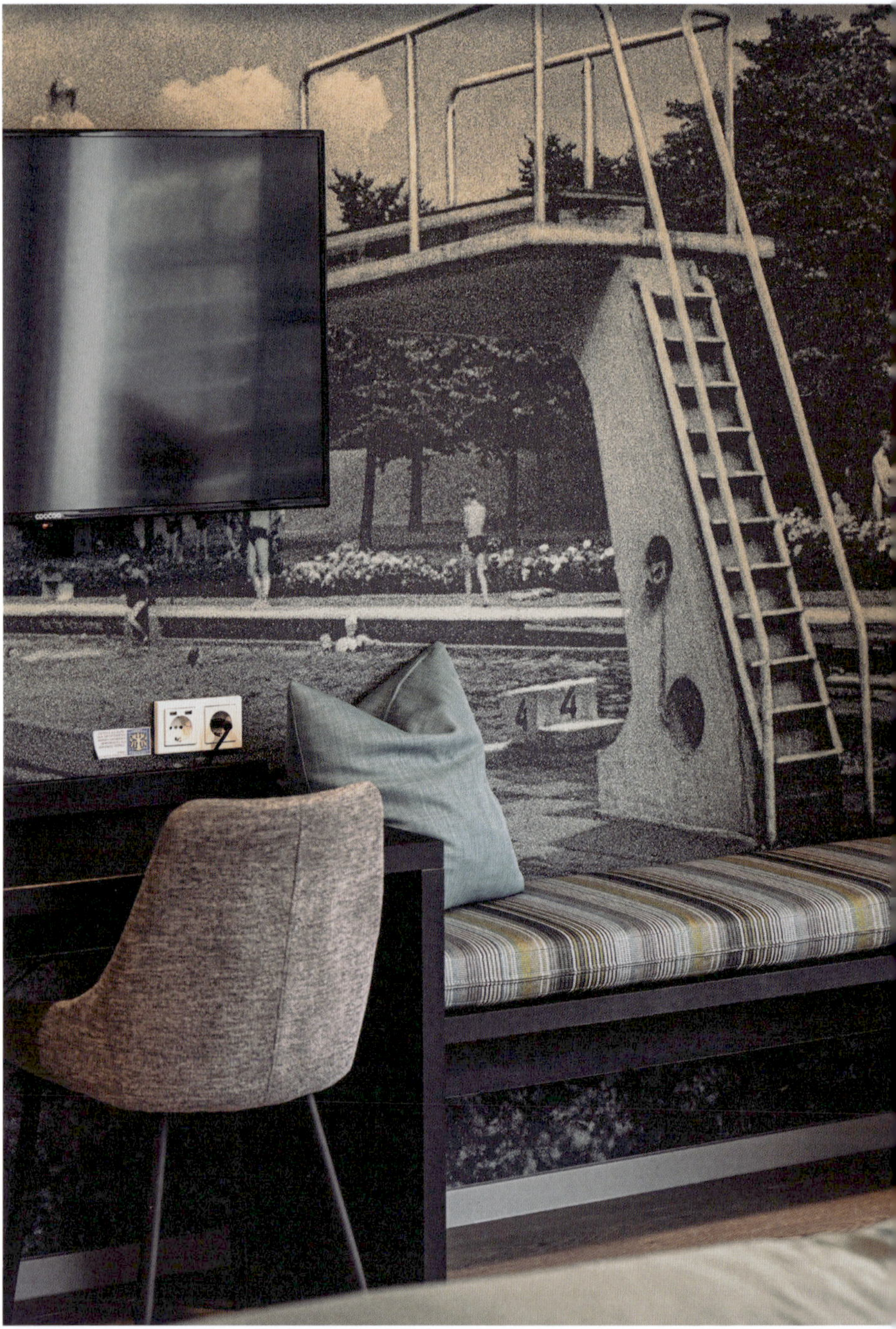

VIII / STRANDHAUS AM HENGSTEYSEE

VIII / STRANDHAUS AM HENGSTEYSEE
04.07. bis 06.07.2023

Meine Hoffnung ist es, hier in den nächsten beiden Tagen die Bademeisteranweisung ›mit der Pommes vom Beckenrand‹ zu hören. Freue mich bei der Anreise, dass das Freibad geöffnet hat. Das *Strandhaus am Hengsteysee* ist eine der neueren Gastronomieobjekte in meiner Heimatstadt – zum Ende der Vorjahresfreibadsaison wurde hier (wieder-)eröffnet. In den früheren Jahren des vorherigen Jahrhunderts war es eines der bevorzugten Ausflugslokale in der Region. Das Freibad war noch mit einem direkten Seezugang ausgestattet, daran denkt heute wohl keiner mehr. Elodea sei (nicht) gedankt. Man versucht nunmehr, an alte Zeiten anzuknüpfen und hat den RuhrRadWeg als zusätzliche Quelle für Gästescharen entdeckt. FahrradfahrerInnen aus dem Umland können nunmehr nicht nur eine Rast einlegen, sondern auch nächtigen – mit Seeblick.

Mir ist mit dem Ort eine familiäre Verbundenheit in die Wiege gelegt worden. Meine Eltern feierten hier ihre Hochzeit. Jahre später versuchte ich hier meine frühpubertäre Erektion vor meiner angebeteten Klassenkameradin Anja zu verbergen und noch später verfolgte ich Musiklegenden wie *Heroes del Silencio, BAP, Culcha Candela, Manfred Mann's Earth Band* und weitere auf ihren Konzerten beim ›Seegeflüster‹. Da trat übrigens auch die sympathische Christina Stürmer auf – die mehr zu begeistern wusste, als die Möchtegern-Lokal-

VIII / STRANDHAUS AM HENGSTEYSEE

matadorin Susanne Kerner, die sich damals bereits die Unsympathien der Heimat zuzog. Mit dem Wunsch nach Mondwasser und der Abschottung zu allem Weltlichen, gab sie schon frühzeitig einen Vorgeschmack auf spätere Schwurbeleien. Die Dame ist wahrlich kein Aushängeschild für ihre Heimatstadt. Gut, dass es musikalisch andere Highlights gibt – danke, Ihr lieben Breitinis! Oder Ceilis! Oder Humpe-Schwestern (wobei Ihr ja auch nicht vor Heimatliebe strotzt)! Oderoderoder.

Dafür, dass im heimischen Bundesland bereits seit einer Woche die Sommerferien laufen, ist das Freibad nur bedingt gut besucht. Vernehme keine kreischenden Kinder, die sich gegenseitig döppen. Sehe niemanden, der vom Sprungbrett pinkelt und vernehme leider auch keinen typischen Geruch nach Freibadpommes – dem Gemisch aus etwas älterem Fritteusenöl und günstigem Ketchup aus dem 5-Liter-Eimer. Pommes, mit der regional dazugehörigen Currywurst, steht dennoch auf meinem Speiseplan. Der Radfahrtourist am Nebentisch, der mit seiner Frau über dem Wegeplan der nächsten Touren bis Duisburg fachsimpelt, hatte sie gerade serviert bekommen – ich konnte mich nicht wehren und bestellt auch eine Portion. Wünschte mir dann doch die früheren Fritten (und Preise) herbei.

Von der Terrasse des Strandhauses schaut man über die Begrenzung des Freibades hinweg – zumindest von meinem Blick. Dafür schaue ich auf die leicht aufgewindeten Wellen des Hengsteysees – DEM Naherholungsgebiet meiner Heimat. Von meiner Haustür ist der See gute 10 Minuten entfernt, wenn man mit dem Auto derzeit den Umweg fährt, den die gesperrte Niedernhofstraße

VIII / STRANDHAUS AM HENGSTEYSEE

provoziert. Mit dem Fahrrad wären es höchstens 5 Minuten mehr – über die neue Radwegbrücke an der Volmemündung. Andernortes würde ich so eine Erholungsoase täglich zelebrieren wollen – vor der eigenen Haustür bekomme ich viel zu selten den Hintern hoch, für etwas Bewegung. Meine Ärzte empfehlen es mir regelmäßig. Mein Geist ist auch willig, aber – ach, man kennt das!
Bin aktuell eine von zwei Einzelpersonen auf der Gastroterrasse. Auch der andere Herr sitzt vor seinem Laptop und arbeitet. Zumindest verkörpert er das. Alle anderen Tische sind mit wenigstens zwei Personen besetzt – vermehrt Pärchen oder Frauenkreise im silbersurfenden Alter, in unterschiedlicher Gruppenstärke. Es freut mich, dass das *Strandhaus* augenscheinlich angenommen wird. Dafür sorgt auch die gemütliche Bestuhlung, die, in ihrem Holz-Metall-Look, weit entfernt ist vom lieblosen Monobloc-Stuhl samt Plastiktisch. Sonnenschirme, die aktuell noch eingeklappt sind, sind keine Werbegeschenke des Getränkelieferanten und das Ambiente wird mit mittelgroßen Pflanzen angereichert. Im Hintergrund läuft leichte, instrumentale Clubmusik. Auch die ist eher unauffällig und keinesfalls störend. Es sitzt sich gut zur blauen Stunde am Hengsteysee – und immer wieder kommen neue Gäste dazu, die sich erst mal ihrer Radlerkleidung entledigen, bevor sie ein gleichnamiges Getränk bestellen. Werde das Treiben etwas auf mich wirken lassen – und wenn es meine Aufmerksamkeit zulässt, werde ich zum Buch greifen. Vielleicht. Oder weiter das Leben vor meiner Haustür beobachten.

Es wird gegen 20:30 Uhr nur langsam leerer auf der sommerlichen Terrasse. In dreißig Minuten schließt

VIII / STRANDHAUS AM HENGSTEYSEE

die Küche und ich bestelle noch ein Currygericht – zum Chardonnay. So schmeckt der Sommer. Lese dabei in dem, am Anfang noch kindlichen, Tagebuch der britisch-französischen Legende Jane Birkin. Bis zum Tod ihrer Tochter Kate vor circa 10 Jahren schrieb sie mehrere Dekaden ihre persönlichen Aufzeichnungen in Briefform – an ihr Kuscheltier Munkey, einem ›Plüschaffen in Jockeykleidung‹, den ihr Onkel bei einer Tombola gewonnen und ihr geschenkt hatte. Diese Vorstellung gefällt mir sehr. Genauso, wie mir der Abend im Freien gefällt. Laue Sommerabende, voller Ruhe und Zufriedenheit, angereichert mit einem guten Essen und einem ebensolchen Glas Wein, sind mir sehr angenehm. Der Südländer in mir jubiliert und genießt den Blick auf den ruhigen See. Der einzige Lautstärkepegel kommt vom Sinkflug eines Flugzeuges, welches am Airport in Dortmund landen wird.

Der einzige Lärmpegel? Gerade wechseln zwei Damen unter die Veranda und nehmen den nächsten Hugo-Cocktail am Nebentisch ein. Deren bisheriger Sitzplatz wurde wohl doch etwas frisch – und die bisherigen Hugos (›wir bleiben dabei!‹) bringen eine gewisse, frequenzerhöhende Redeflussfreude beidseits mit sich. Auch diese Gäste genießen den Sommerabend mit Seeblick. Schaue zwischendurch auf mein Mobiltelefon: aus dem (wirklich!) angedachten abendlichen Spaziergang wird wohl nichts werden – die neumodische Wetter-App sagt für die nächste Stunde Regen voraus. Hoffe, meine Ärzte werden wenigstens den Grundgedanken positiv bewerten.

Keine fünf Minuten später hat die mobile Vorhersage Recht. Das Wetter sorgt für eine stetige Leerung der Terrasse – oder ist es die Uhrzeit? Immerhin reden

VIII / STRANDHAUS AM HENGSTEYSEE

wir über einen normalen Wochentag! Vor dem kleinen Regenschauer flüchteten noch zwei weitere Damen unter das Vordach. Während die Hugo-Freundinnen eine gepflegte, wenn auch zunehmend dezibelisierende, Konversation pflegten, neigten die beiden ›Pat & Patachon‹-gleichen Damen zum aneindervorbeiredenden Gelalle. Haben die hier auch ein Zimmer oder neigen die noch zur späteren Autofahrt? Bis wann fährt vor der Tür eigentlich der öffentliche Personennahverkehr?

Der war übrigens für mich heute eine adäquate Anreisemöglichkeit. Von der heimischen Bushaltestelle bis direkt vor das Strandhaus wären es 17 Minuten Fahrtzeit gewesen. Schlussendlich entschied ich mich aber für die Anreise mit der Vespa. Der Südländer in mir eskalierte also bereits bei der Hinfahrt! Es ist Sommer in der Stadt!

Eine Stunde nach der Bestellung kommt mein Abendessen – das gelbe Curry (es hätte auch eine rote Variante gegeben). Es ist okay, wirkt aber auch nicht ganz frisch zubereitet. Was soll's? Der Charme des Hauses liegt nicht in der Frische der Speisekarte.

Nächster Halt: Frühstück!

Übrigens: die feminine Version von Pat und Patachon geht zu Fuß nach Hause. Obwohl die große Dame meint: ›Sind auf dem Weg, den wir immer gehen, nicht so viele Bäume?!‹. Sie werden ihren Weg machen. Hoffentlich.

Es sind mit mir nur noch drei Gäste auf der Terrasse. Auch dort, wie ich beim Lauschen feststelle, ist man begeistert, dass man hier so schön sitzen kann – und auch andere Gäste anwesend sind. Hagen nähert sich dem *Strandhaus am Hengsteysee* an. Gut so.

VIII / STRANDHAUS AM HENGSTEYSEE

Hatte in der Nacht noch etwas am Schreibtisch in Zimmer 7 gearbeitet. Zwar geht das Fenster von der Arbeitsplatte zur Straßen- und nicht zur Seeseite, aber es ist ein angenehmer Ort für gedankenverlorene Schreibereien. Vor der Bettruhe trete ich noch einmal auf die Terrasse in der ersten Etage des *Strandhauses am Hengsteysee* und blicke auf den nächtlichen, fast schwarzen See. Von Seiten des Koeppchenwerkes auf der gegenüberliegenden Seeseite leuchten ein paar Lichter herüber – ansonsten ein Traum an nächtlicher Ruhe und Friedlichkeit. Still ruht der See. Beseelt gehe ich zu Bett, wo ich bis zum Morgen hervorragend durchschlafe. Es wird augenscheinlich wieder kein hitzebringender Freibadtag sein. Hengstey erwacht nach einer regnerischen Nacht. Der erste Blick aus dem zweiten Fenster in Zimmer 7 setzt die Ruhe fort – auf dem ruhigen See ziehen ein paar Schwäne in Formation ihre Frührunde. Pure Idylle im Hagener Norden. Nehme eine Dusche und lese bereits auf dem Tablet, dank guter Internetverbindung, die heimische Tageszeitung.

Zimmer 7 ist übrigens eins von zehn Zimmern, die neu in das Objekt integriert wurden. Die Frische merkt man dem modernen Interieur an. Dunkle Holztöne. Ein Farbspiel mit schwarz, grau und blau – abgesetzt durch weiße Wandteile, Bettwäsche und Türen. Es ist freundlich und geräumig. Wie an mehreren Punkten im gesamten Komplex, verneigt sich das modernisierte Haus auch in meinem Doppelzimmer (2 Nächte für 178 Euro – ohne Frühstück) vor der Vergangenheit. Ein altes Schwarzweißfoto des Areals ziert als Tapete dominierend eine Raumseite. Wohltuend, dass man hier auf die

VIII / STRANDHAUS AM HENGSTEYSEE

entsprechende Kooperation mit dem Archiv des Hagener Heimatbundes hinweist.

Vom Schreibtischfenster schaue ich auf den Eingangsbereich des Hauses. Es ist 9 Uhr und das *Strandhaus am Hengsteysee* füllt sich bereits wieder. Das Frühstücksbuffet lernte ich vor einigen Wochen bereits schon mit Freunden kennen – und werde es nun noch einmal mit den Augen des Hausgastes beäugen. Falls ich noch einen freien Platz finde. Traute meinen Augen nicht – wochentags gibt es gar kein Frühstücksbuffet. Aber eine umfangreiche Frühstückskarte, die mich mit dem sinnvollen Kaffee, einem Croissant und einem Rührei versorgte. Waren es gestern Nachmittag / Abend eher die Damenkränzchen, die zu Gast im Gastronomiebetrieb waren, so traf sich heute zumindest eine größere Runde von männlichen Rentnern.

Sechs Herren waren bereits anwesend und mit Kaffee versorgt, als der siebte Mann dazukam. Seine Freunde standen umgehend auf und sangen ihm ein Geburtstagsständchen. Selbst am Nebentisch gegenüber konnte man den Gesang des zufälligen Männergesangsvereins kaum wahrnehmen. Die alten, weißen Männer können halt immer noch nicht so wirklich mit den großen Gefühlen umgehen. Aber, es zählt ja der Wille.

Wind und Regen sorgen dafür, dass ich meinen Kulturteil nicht mit der Vespa in Angriff nehme – aber die Linie 515 fährt von der Endhaltestelle ›Hengstey / Südufer‹ im Halbstundentakt in die Innenstadt. Es wird

VIII / STRANDHAUS AM HENGSTEYSEE

mal wieder Zeit, sich die aktuellen Ausstellungen im *Kunstquartier* anzuschauen.

Wie lohnenswert. Neben den Werken der Dauerausstellungen zeigt man bei *Osthaus* Werke von Heinz Mack und bei *Schumacher* eine Doppelausstellung vom ungarischen Ehepaar Dia Zekany und Csaba Nemes. Gerade die Werke gefallen mir ausgesprochen gut. Wer das *Kunstquartier* noch immer nicht kennt: hingehen und sich auf die einzigartige Rauminstallation ›Architektur der Erinnerung‹ von Sigrid Sigurdsson einlassen. Erlebbarer und besonderer (!?) kann ein Museum kaum sein. Ein wirkliches Kulturjuwel.

Zur Kaffeezeit bin ich zurück am *Strandhaus*. Sehe zwei Badenixen im Bademantel auf den Weg zum Pool und dahinter den See – aufgewühlt und mit erhöhtem Wellenschlag im aufkommenden Wind. Steife Brise im (Hagener) Norden. Nehme mir das Buch von Jane Birkin und ihrem Kumpel Munkey und gönne mir eine Kaffeeauszeit (mit Blick auf die Kuchenauswahl). Es wird das letzte Stück Pekannuss-Apfel-Kuchen. Mit der / dem stürmischen See im Nacken, erinnert mich die Kaffeezeit an einen Besuch an der, von mir sehr geschätzten, niederländischen Nordseeküste. Das Haus ist, wahrscheinlich Dank der Witterung, nicht ganz so gut besucht, wie bei meiner gestrigen Ankunft. Dennoch sind die Zielgruppen vertreten – eine, fast zehnköpfige, Seniorentruppe, die teilweise die beste Busanbindung loben und ein Ehepaar aus Niedersachsen, die auf ihrer Fahrradtour ein Zimmer angemietet haben. Zwischenzeitlich haben sich auch im Freibad zu den beiden Damen noch

VIII / STRANDHAUS AM HENGSTEYSEE

zwei wettertaugliche Herren gesellt. Trotz Nieselregen plauscht man vergnügt am Beckenrand – ohne Pommes.

Was war das? Danke *Strandhaus*! Um 19:15 Uhr komme ich, auf dem Weg zum Abendessen, aus der Zimmeretage herab ... und treffe die Gästeschar im vollbesetzten Innenraum an. An drei der zwölf Tische sind mir die Gäste bekannt. Wo kommen die Alle her? Tisch 1 bringt mich ins Gespräch mit dem Komplizen aus Kindergartenzeiten (und seiner Ehefrau, mit der ich aktuell eine gewisse heimische Bühnenpräsenz erzielt habe) und Tisch 2 mit meiner Mitarbeiterin, die hier in den wohlverdienten Urlaub (an der Seite ihrer Freundinnen) startet. Die Damen von Tisch 3 bieten mir dankenswerterweise ihren freien Platz am Vierertisch an. Wir plaudern über den Urlaub – in der Partnerstadt, auf Kreuzfahrtschiffen, in europäischen Metropolen, am Rande der notwendigen Erinnerungskultur von Konzentrationslagern, auf Südseeinseln – oder auch in heimischen Hotels.

Der Kellner verweigert mir den Chardonnay. Davon hätte ich bereits gestern genug gehabt!? Dafür empfiehlt er mir den Grauburgunder. Da ich ja ein höflicher Gast bin, folge ich der Empfehlung. Die Getränkewahl sorgt für eine weitere behagliche Nachtruhe in Zimmer 7.

Überlege beim Abschlussfrühstück, ob es mir hier so gut gefallen hat, weil ich selber im Urlaubsmodus bin? Oder freue ich mich einfach darüber, dass hier etwas Gutes und Schönes entsteht, was augenscheinlich bereits bestens von der Bevölkerung angenommen wird? Noch ist das Freibad leer – aber das

VIII / STRANDHAUS AM HENGSTEYSEE

Thermometer steigt deutlich und wenn ich gleich auschecke, benötige ich für den Heimweg dringend die Sonnenbrille ... und irgendwo bekomme ich in meinem Leben auch noch einmal eine richtige Freibadpommes – aus der Tüte und mit einem Schlag Ketchup.

Wann findet eigentlich das nächste ›Seegeflüster‹ statt? Meine heimatliche Peergroup scheint, für *BAP* & Co., bereit zu stehen – im Strandbad Hengstey!

STRANDHAUS AM Hengsteysee HAGEN

Restaurant | Hostel | Beach | Events

Hotel · Restaurant Reher Hof

IX / REHER HOF

IX / REHER HOF
01.08. bis 03.08.2023

Von letzten Besuch in Hengstey bis heute in Henkhausen gab es für mich Hotelübernachtungen in Hagens Partnerstadt Montlucon und, wie bereits angekündigt, in New York. Zimmer 1300 irgendwo in Times-Square-Nähe hatte allerdings keine neumodische Urwaldtapete. Hagen ist dann wohl doch trendsettend.

Nach der dienstäglichen Sprechstunde in meinem Betreuungsbüro erledige ich noch Kleinigkeiten in Hohenlimburg, führe letzte Diensttelefonate und fahre dabei zum *Reher Hof*. Aktuell dem einzig geöffneten Hotel in der früheren Millionärshochburg mit Adelssitz. Vor Jahren war ich hier einmal für wenige Minuten zu Gast, da eine Betreute von mir hier Unterschlupf fand und ich versucht hatte, sie lieber von einer Alkoholentgiftung zu überzeugen, statt ein, zwei, drei Hotelzimmer zu verwohnen. Die Dame war damals schon sehr Rock 'n' Roll. Das Ambiente des Hauses lässt eher eine Vorliebe für ruhigere Musikstile vermuten – aber man kann das ja vorher nie genau wissen. Die zukünftige Vintagegeneration der 80er-Jahre herrscht hier vor. Die Hotelkette der *Tante-ALMA*-Gruppe führt die Einrichtung bereits in Großstädten als Konzept. Hier ist alles noch echt ... und würdig ... und stimmig. Allerdings gibt es im Gegensatz zur *Tante ALMA* hier beim CheckIn keinen Eierlikör!

IX / REHER HOF

Der Hausherr weist mir Zimmer 14 zu. Zweite Tür rechts – das Fenster geht zum Hinterhof (und Parkplatz) raus. Viel Weiss, gepaart mit stabiler Holzvertäfelung und den goldgerahmten Postern einer ebenso goldigen Malerei. Doppelbett, Schreibtisch und ein weiterer Tisch mit Stuhl im Hauptraum. Von diesem geht ein kleiner Flur in das neugestaltete Badezimmer. Im Flur ist ein großer Kleiderschrank eingebaut. Woanders wäre Zimmer 14 schon fast ein Appartement. Groß, angenehm, sauber und alles vorhanden, was man für ein, zwei Übernachtungen braucht. Schlussendlich ist sogar zuviel da. Beispielsweise ein gut gefülltes Körbchen mit einer Auswahl an diversen Bonbons, Weingummis und Salzbrezeln. Mein Problem ist, dass ich ja nicht zur Mäßigung neige und muss nach den ersten Bonbons das Körbchen vor mir selber verstecken. Nach einer Dreiviertelstunde habe ich es wiedergefunden ...

Nach der Internet-Buchung in der Vorwoche hatte ich mit dem Haus noch telefoniert und mich über die gastronomischen Möglichkeiten informiert. Werde heute im Haus zu Abend essen – gemeinsam mit drei Komplizen, von denen zwei hier im Viertel wohnen. Der Eine kennt den *Reher Hof* noch von der Beisetzung seiner Uroma und der Andere kennt das Haus am Platze gar nicht – obwohl er zweimal täglich seit 18 Jahren dran vorbeifährt. Schon vor der Veröffentlichung dieser Aufzeichnungen der persönlichen Hotelreise entsteht ein gewisser Zulauf für die einzelnen Objekte. Ziel schon erreicht!

Und es lohnt sich. Die gutbürgerliche Speisekarte im *Reher Hof* ist die nächste Überraschung auf meiner

IX / REHER HOF

heimatlichen Entdeckungstour 2023. Glaube auch, dass der ortsansässige Komplize aus dem Viertel nicht zum letzten Mal hier eingekehrt ist. Vom Zapfhahn gibt es unter anderem das *Vormann*-Bier aus dem Hagener Süden – was ein weiterer Pluspunkt auf der lokalverbundenen Sympathieskala ist.

Die Hausherrin spricht mich zwischendurch an und berichtet, dass auch sie aus Eckesey stammt und in meiner Straße (sie hat es bei den Buchungsdaten gesehen) wohnte. Es gefällt ihr, sozusagen die frühere Nachbarschaft begrüßen zu dürfen.

Eckeseyer aller Länder – verbündet Euch!

Meine musikalische Vermutung lag übrigens richtig: passend zum Ambiente läuft ein Schlagersender im Radio. Dankenswerterweise als dezente Hintergrundmusik. Wir fragten uns in der vierköpfigen, springsteenfreudigen Altherrenrunde, ab dem wievielten Restaurantbesuch wir bei der Musik Anregungen geben dürften.

Die Komplizen machen sich zufrieden und satt auf den Heimweg und auch ich ziehe mich in Zimmer 14 zurück. Derweil hatte das Ehepaar Reininghaus bereits im Gastraum die Frühstückstische für morgen eingedeckt. Frühstück wird von 06:00 Uhr bis 09:30 Uhr serviert. Damit steht fest, dass ich eher nicht zu den ersten Gästen gehören werde.

Überlege, was ich hier zu / in der Gegend für Verbindungen habe. Eine Schulfreundin meiner Tochter wohnte in der Nähe, genauso wie der viel zu früh verstorbene *Westfalenpost*-Fotograf und Weggefährte Marco Siekmann. Mit einem Lächeln vernehme ich, dass in unmittelbarer Nähe die Tierarztpraxis Borsuck

IX / REHER HOF

ansässig ist. Dorthin hatten mich mal meine Tochter und ihre Mutter mit dem Meerschweinchen geschickt, welches einige Zeit als Seelentröster in unserer damaligen Hausgemeinschaft lebte. Voller Aufregung wurde mir mitgeteilt, dass das kleine Tier irgendwelche Ekzeme am Bauch hat. Das konnte Frau Doktor ohne weitere Untersuchung ausschließen – es waren nur die Zitzen des Tieres. Darauf war keiner vom unveterinärischen Haushalt gekommen. Schön aber, dass der Vater sich damals allein in der Praxis zum Narren machen durfte.

Nehme mir noch zwei, drei Bonbons aus dem ›versteckten‹ Körbchen und gehe ins Bett. Wie üblich bin ich gespannt, wie gut man wohl in einem weiteren Hagener Hotel Schlaf finden kann. Die Geräuschkulisse lässt jedenfalls aufhorchen: nichts. Trotz gekippt-offenem Fenster.

Um 08:15 Uhr darf ich am letzten eingedeckten Frühstückstisch Platz nehmen. Die anderen Gäste aus dem 15-Zimmer-Haus, vermehrt Handlungsreisende und Monteure, sind längst schon wieder abgereist. Die Kaffeekanne und der Brötchenkorb warten bereits am Tisch, einige Beigaben finde ich auf dem Buffettisch. Die Hausherrin bringt mir umgehend ein gekochtes Ei und eine Wurst-Käse-Platte, die ich als Kaltvegetarier sofort zurück gehen lasse. Bei der ersten Mahlzeit des Tages mag ich es doch bevorzugt süß. Das Ei tausche ich auch ein – mir wird ein frisches Rührei zubereitet. Alles vorhanden, was mich positiv in den Tag bringt. Das mag ich an Hotelfrühstücken – ein stressfreier Tagesbeginn.

IX / REHER HOF

Nach der dritten Tasse Kaffee bitte ich Herrn Reininghaus an meinen Tisch. Erzähle ihm von meiner Absicht mit dem VDBD-Projekt und wir kommen eine halbe Stunde ins sympathische Plaudern. Er erzählt von seiner Sicht über die heimische Hotelsituation und von dem Gast, der mit dem Zigarrengenuss im Zimmer einen Feuerwehralarm ausgelöst hatte. Über die Musik des Hauses reden wir auch – während leise *WDR4* im Hintergrund läuft. Zumindest weiß ich nun, dass man durchaus flexibel ist, bei der Musikauswahl im Gastraum. Derweil berichtet der Radiosender über den heutigen Jahrestag von Falcos ›Jeanny‹.

Seit 30 Jahren ist der *Reher Hof* im Familienbesitz. Der jetzige Betreiber hat das Haus von seinen Eltern übernommen. Selbstverständlich war die Corona-Zeit schwierig, aber die Situation bessert sich. Roland Reininghaus begrüßt das Konzept von ›Sei Gast in deiner eigenen Stadt‹! Kürzlich las er noch über den Sänger Sascha, der seinen Geburtsort Soest gegen Hamburg eingetauscht hat. Dort soll der Barde regelmäßig, gemeinsam mit seiner Ehefrau, in örtlichen Hotels einchecken – um dem Alltag zu entfliehen. Direkt vor der Haustür. Aus eigener Erfahrung weiß ich nunmehr: das geht auch hervorragend in der eigenen Stadt!

Rein beruflich fahre ich nach dem Frühstück zum nahegelegenen *Zentrum für psychische Gesundheit*, wo ich für einen Betreuten tätig werde und führe im Auto noch einige Diensttelefonate. Werde mich nunmehr an den Schreibtisch von Zimmer 14 setzen und meiner freiberuflichen Tätigkeit nachgehen – außerhalb des Büro-

IX / REHER HOF

alltages, kann man in der Abgeschiedenheit eines Hotelzimmers auch hervorragend Briefe und Berichte verfassen.

Habe den Termin im *Reher Hof* bewusst auf die Sommermonate gelegt – um mir einen Besuch im benachbarten Freibad zu gönnen. Das Wetter am Ende der Sommerferien in Nordrhein-Westfalen unterscheidet sich allerdings nicht wesentlich vom Beginn der Ferien. Der Klimawandel schlägt erbarmungslos zu und lässt die Sommerzeit stürmisch und regnerisch über das Land ziehen. Hatte mich mit dem Geschäftsführer vom Hohenlimburger Schwimmverein verabredet, der mir dann auch Einlass gewährte. Ansonsten war das Bad heute geschlossen. Wir plauderten kurze Zeit am Beckenrand und mussten dann unter der Pergola Platz nehmen, um dem Unwetter zu entgehen. Dieses sorgte beispielsweise für den krachenden Umsturz eines Baumes im nebenliegenden Wald. Eine beeindruckende Geräuschkulisse, die die Natur aufbieten kann. Wir kontern dem Regen mit ausreichender Flüssigkeitszufuhr nach innen. Nebenbei erzählt mir der Herr, den man in der Gegend nur als hws oder Schrothimaus kennt, Geschichten aus seinem Leben als Seefahrer, Balletttänzer, Brauereimitarbeiter, Student, Ehemann, Fernuni-Unikum, Familienmensch, Wasserballaktivist, Drogenbeauftragter, Nazihasser, Öffentlichkeitsarbeiter, Ruheständler, Theaterliebhaber und Freibadgeschäftsführer. Die Geschichten reichen für mehrere Leben. Ernest Hemingway hat bisher nur den ersten Job von hws literarisch aufgearbeitet – da ist noch Potential für mehr.

Zwischendurch planen wir auch eine zukünftige Lesung im Schwimmbad. Sobald der hochsommerliche Betrieb

IX / REHER HOF

eingestellt und das Becken zum September leergepumpt ist, versuchen wir eine musikalische Lesung zu einer italienischen Schwimmlegende. Bud Spencers Biographie im Freibad Henkhausen – untermalt mit den Klassikern der italienischen Musik.

Auch wenn wir uns in das Land, in dem die Zitronen blühen, träumen, beklage ich, dass mir auch (nach dem Hengsteybad) beim zweiten Freibadbesuch 2023 keine fettigen Pommes geboten werden. Nach 2 ½ Stunden verabschieden wir uns und ich überlege, ob ich mir die Fritten beim amerikanischen Großgastronomen mit dem gelben ›M‹ besorge, der in fußläufiger Nähe zum Hotel ist. Worauf ich allerdings dann doch verzichte.

Gönne mir eine Mittagspause in Zimmer 14 (woran man sich prinzipiell gewöhnen könnte) und wäre bereit für das angedachte Kulturprogramm. Im Hameckepark, zwischen Altenhagen und Boelerheide, gibt es die letzte Aufführung des diesjährigen ›Muschelsalates‹, dem Angebot mit freiem Eintritt vom Hagener Kulturbüro. Umsonst & draußen. Teil 2 des Konzeptes ist auch am Abend ein ärgerliches Hemmnis. Gerade als ich denke, dass ich mich auf den Weg mache, beginnt der nächste Regenschauer, der zu einem Wolkenbruch mutiert. Kapituliere gegenüber der Wetterlage und entscheide mich dazu, noch einmal in die Speisekarte vom hoteleigenen Restaurant zu schauen. Die gutbürgerliche Entscheidung fällt zwischen der Kohl- und der Rinder-Roulade. Beide Gerichte sind übrigens auf der ›leichten‹ Sommerkarte zu finden – was die Frage aufwirft, wie deftig es im Herbst und Winter hier zugeht?! Entscheide mich für die Kohlroulade – derweil läuft leise im Hin-

IX / REHER HOF

tergrund eine Sendung auf *WDR4* zur Neuveröffentlichung
›HOPE‹-von den Hannoveranern *Fury in the Slaughterhouse*!
Und plötzlich durchflutet der Sound vom grandiosen Thees
Uhlmann den Speiseraum. Danke Wettergott, dass ich das
hier, wo gestern noch Helene Fischer & Co. regierten,
erleben darf und mich nicht auf der alten Hagener Müll-
kippe nassregnen lasse. Statt irgendwelchen Artisten
im Hameckepark zuzuschauen, nutze ich die Zeit für das
Niederschreiben einer kleinen Kurzgeschichte, bevor
ich zurück in Zimmer 14 kehre und weitere Gedanken zu
meinen Erlebnissen in Reh und um Reh herum nieder-
schreibe. Vor der Schlafenszeit werde ich noch weiter
in der Familiengeschichte ›Schönwald‹ reinhören.
Schlussendlich hatte ich dann auch reichhaltige Kultur
– wobei natürlich jeder heimische ›Muschelsalat‹
auch BesucherInnen verdient hat. Wahrscheinlich gibt
es im Sommer (was immer das ist) 2024 wieder ge-
nügend Angebote – umsonst & draußen.

Schlafe etwas schlecht ein. Kommt Vollmond auf
oder war das Döner-Brötchen vom putzigen *Mevlana
Grill Hagen* am Nachmittag schuld, welches die Pommes
bei *McDonald's* ersetzt hatte? Hatte doch extra auf
die Pfeffersuppe beim Abendessen verzichtet!? Weckerlos
werde ich gegen kurz nach 07:00 Uhr wach, gehe duschen
und lese im Bett die heimische Tageszeitung. Ziehe mich
an und gehe zum Frühstücksraum, den ich später als am
Vortag betrete. Es sind noch zwei Tische eingedeckt –
irgendwer hat es noch so gut wie ich und muss das Haus
nicht in aller Herrgottsfrühe verlassen. Vom Buffettisch nehme ich mir zwei Joghurts, ein Müsli und zweimal Marmelade – derweil wird in der Küche bereits das

IX / REHER HOF

Rührei hergestellt. Nach dem Müsli und dem Ei merkte ich, dass die Augen doch größer waren als der Hunger. Gut, dass hier abgepackte Ware ausliegt. Einen Joghurt und ein Päckchen Aprikosen-Marmelade lege ich zurück – und gehe nach der zweiten Tasse Kaffee zum letzten Mal auf Zimmer 14.

Packe meine kleine Reisetasche, schreibe die letzten Aufzeichnungen zum Besuch im angenehmen *Reher Hof* und bereite mich auf einen Arbeitstag vor. Bevor es mich ins Büro zieht, muss ich noch die Abendessen bezahlen, auschecken und irgendwie durch den sommerlichen (!?) Regen zum Auto kommen. Die Internetplatform *Booking* hatte bereits die 166 Euro für das Einzelzimmer mit Frühstück vom Konto abgezogen.

Somit habe ich nunmehr mehr als die Hälfte der heimischen Hotels besucht. Bisher waren alle empfehlenswert – zumindest musste man sich für keine Unterkunft schämen. Wenn nur die Kleinigkeit mit dem Korkenzieher im 4-Sterne-Haus einer Hotelkette nicht gewesen wäre. Der *Reher Hof* wird mich jedenfalls wiedersehen – zumindest auf die Rinderroulade, die ich nicht mehr so gut gegessen habe, seitdem meine Mutter das Kochen eingestellt hat!

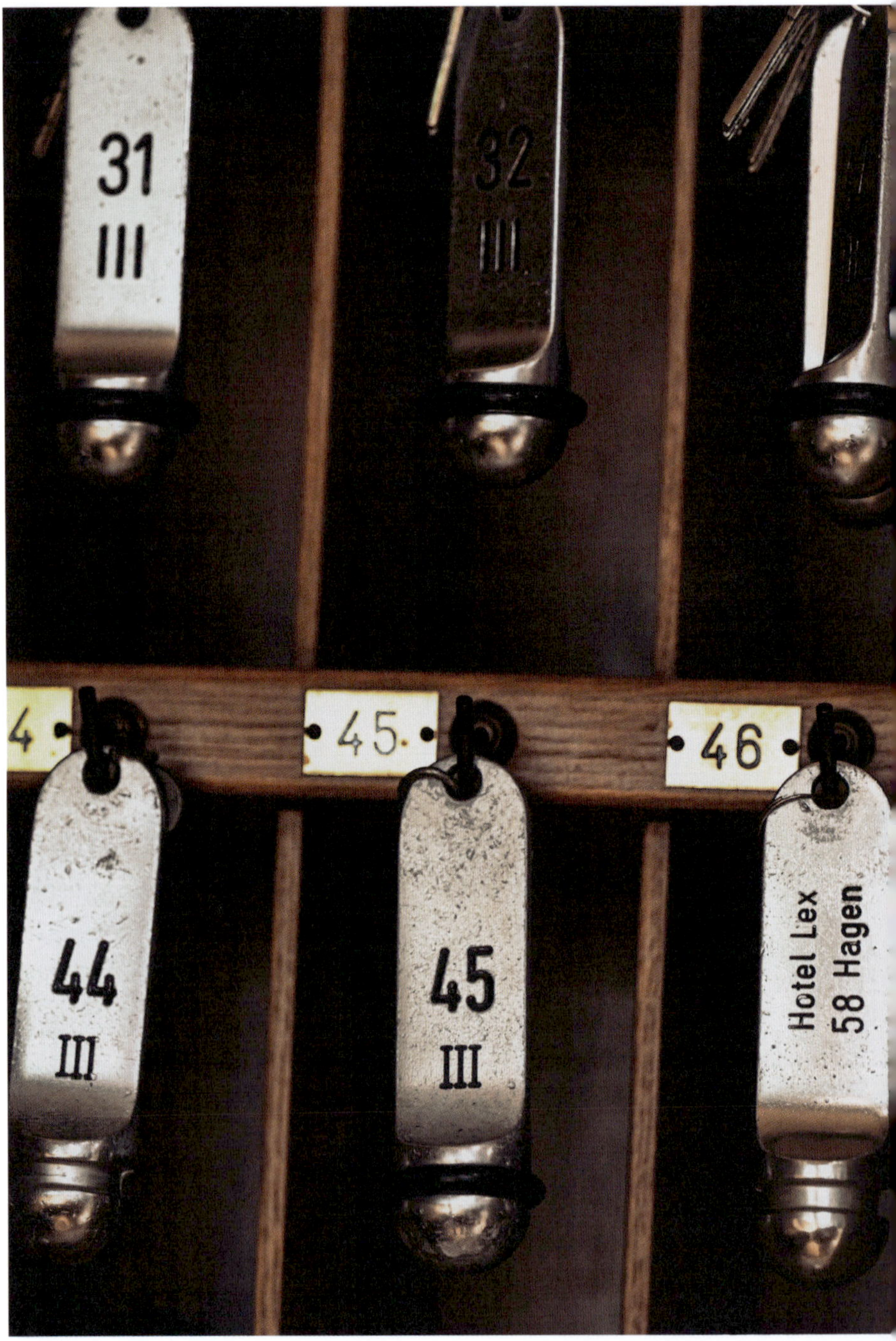
31
III
32
III
45
46
44
III
45
III
Hotel Lex
58 Hagen

X / HOTEL LEX
19.09. bis 21.09.2023

Bei meinem zehnten Hagener Hotelbesuch fühle mich auf den Spuren von Karl Knapp. Im *Lex*, nahe dem Theater gelegen, hatte ich vor ein paar Jahren Peter Behrens einquartiert – den clownesken Trommler der Kultkapelle *Trio*. Denke gerne an die Tage mit diesem melancholischen Herrn, die in einer kleinen, feinen Session mit Kai Havaii und Stefan Kleinkrieg im Emster *Kulturhof* gipfelten. Karl Knapp, so nannte sich der Trommler mit weißem T-Shirt und roten Hosenträgern im Bühnenprogramm, durfte im *Lex* rauchen – beim heutigen Check-in traute ich mich gar nicht, die Frage nach einem Raucherzimmer zu stellen. Es wäre ebenfalls nur der Melancholie und nicht dem Suchtverhalten geschuldet.

Sobald man das *Lex* betreten hat, kann man sich dem 70-er-Jahre-Charme kaum entziehen. Zigarrenrauch und zusammengeknüllte HB-Packungen würden hier ebenso wenig überraschen, wie Mettigel und Käsepilze – vielleicht noch ein Gläschen von der hervorragenden Bowle!?

Wahrscheinlich entstand mein Wunsch, die heimischen Hotels zu besuchen, bei der Begegnung mit dem *Lex* und dem Arrangement von Ledersesseln in der Lobby.

Werde von der Dame an der Rezeption freundlich begrüßt. Dass meine Anreise aus Eckesey nicht besonders beschwerlich war, lässt sie kurz aufhorchen – dann

X / HOTEL LEX

fülle ich das Datenblatt aus. Zimmer 2 liegt in der ersten Etage. Die beiden Fenster gehen zur Humboldtstraße, womit mir sofort die Seemannsbraut-Hausfassade von Martin Bender ins Auge sticht. Bender und seine Kunst sind ein Gewinn – nicht nur für Hagen.

Freue mich über das geräumige Doppelzimmer, dass mit der zusätzlichen Leseecke schon fast einer Suite gleicht. Beige, Blassgelb und Braun beherrschen das Interieur – nur der extragroße Plasmafernseher lässt darauf schließen, dass man sich nicht auf einer Zeitreise befindet. Jeden Moment könnte meine Mutter hereinkommen – mit einem feingeschnittenen Obstteller zum TV-Abendprogramm. Es gibt schlechtere Kindheitserinnerungen!

Wahrscheinlich denke ich auch gerade an die Kindheit, weil mir ein langjähriger Komplize am Telefon von seiner anstehenden Vaterwerdung erzählt. Schon der zweite Nachwuchs in meinem Freundeskreis während des Hotelprojektes. Gibt es hier vielleicht einen Zusammenhang zu den ursprünglichen Beweggründen von Hotelbesuchen? Sei Gast in deiner eigenen Stadt – und vermehre Dich!? Ist es eine Kampagne vom Oberbürgermeister (der ja mittlerweile bereits Großvater ist) und seinem Fachbereich Jugend? Oder von seinem Stadtmarketing?

Ich verdränge den Gedanken und wende mich einem anderen ›Mythos‹ zu. Hatte unlängst der bisher verbliebenen Tageszeitung entnommen, dass die jahrzehntelange Stammpinte der heimischen Bevölkerung nicht nur von *Spinne* in *Mythos* umbenannt wurde, sondern auch eine gastronomische Änderung in den europäischen

X / HOTEL LEX

Süden damit einherging. Wohlwollend freute ich mich
auf ein paar Ouzo, ein, zwei Bier und gesunde mediterrane Kost.

Ouzo gab es (2), Bier (2 – *Büble Hell* vom Fass)
... und ein paar schmackhafte Vorspeisen (Oliven,
Pepperoni, Tzaziki und gefüllte Weinblätter). Man hatte
nur vergessen, dass der korpulente Herr am hinteren
Tisch noch Interesse an weiteren Getränken und / oder
einem Hauptgang gehabt hätte. Die Spinne führte hier
wahrlich nicht ihre Netze aus.

Hatte am Morgen wahrgenommen, dass ›mein‹ BVB am
Abend in Paris spielt. Die europäische Champions-League
beginnt. Nutzte demnach die geschenkte Zeit eines nichtgereichten Abendessens und wechselte zur *Bato*-Sportbar
am Hauptbahnhof. Wesentlich achtsamer war dort die Versorgung mit dem griechischen *Mythos*-Bier auch nicht.
Zu allem Überfluss verloren die Dortmunder Borussen bei
Saint-Germain mit 2:0.

Gegen 23:30 Uhr schlendere ich zurück zum *Lex*
und verfalle im Kiosk auf der ›Unteren Elbe‹ einem
kleinen Kaufrausch – zur Wasserflasche zur Nacht gibt
es noch eine Tüte Schnuckerkram aus dem Angebot eines
Herstellers aus dem Rheinland. Unsinnig, aber erfrischend frisch und lecker.

Der Nachtportier gibt mir Schlüssel 2 und ich
freue mich auf die erste Nacht im *Lex* – dem vielleicht
zentralsten Hotel der Hagener Innenstadt. Ohne den
Wecker zu stellen, lege ich mich auf die linke Seite
des Doppelbettes. Es weckt den Revoluzzer in mir –

X / HOTEL LEX

in einer früheren Beziehung hatte ich immer das Bett in der Nähe zur Zimmertür zu nehmen. Falls ein Einbrecher kommt, würde diese Person zuerst ermordet ... ! Werde diese Theorie vielleicht mal vom Bundeskriminalamt gegenchecken lassen!?

Die unerfüllte Wartezeit beim Abendessen hatte ich dafür genutzt, die zweite Hälfte vom aktuellen Schirach-Roman (?) ›Regen‹ zu beenden. Sind 57 Seiten wirklich ein kompletter Roman, oder ist es nur eine Geldvermehrung für einen nicht-verarmten Schriftsteller? Könnte mich ärgern – oder die gegebenen Impulse vom flanierenden Rechtsanwalt genießen. Entscheide mich für Variante 2 und lache lauthals über die Baranekdote von Ernest Hemingway.

Beim Frühstück fühle ich mich in meiner Mettigelkäsepilz-Theorie bestätigt – das Buffet kredenzt unter anderem halbierte hartgekochte Eier. Persönlich fehlt mir dabei nur die adäquate Servierplatte mit den vorgeformten Ausbuchtungen. Und wenn man denkt, dass noch mehr Retro in dem bereits herbstdekorierten Frühstücksraum nicht möglich ist, bringt die Kellnerin den Kaffee in einem geradezu nostalgischen Silber-Kännchen ... inklusive dem eingravierten ›Hotel Lex‹-Schriftzug.

Nehme die Treppe zur ersten Etage und quittiere die Stufenteppiche mit einem Lächeln. Eigentlich scheint mein Aufenthalt hier wirklich eine optische Rückkehr in das Elternhaus meiner Kindheit und Jugend zu sein. Spätestens in 10 Jahren kann die komplette

X / HOTEL LEX

Hotel-Einrichtung an das Freilicht- oder Stadtmuseum übergeben werden (falls dieses bis dahin doch mal wieder eröffnet hat).

Werde es nun dem Herrn von Schirach gleichtun und etwas durch die Stadt flanieren – mit der *ZEIT* unter dem Arm und auf der Suche nach einem sonnigen Plätzchen in einem Café. Das Wetter spielt zum Sommerende noch einmal mit.
Richtig zum Flanieren kam ich nicht – mit dem *Vincenzo* liegt bereits die richtige Kaffeebar in Sichtweite zum *Lex*. Bestelle mir eine frische Minze und höre die Mailbox meines Diensttelefons ab. Ein befreundetes Ehepaar hat sich angekündigt und wird mit mir die nächsten anderthalb Stunden über ihre 50 gemeinsamen Ehejahre sprechen – ich benötige noch etwas persönliches Hintergrundwissen, da ich am kommenden Samstag ihre familiäre Goldhochzeitsfeier kulturell begleiten werde. Gemeinsam mit dem Komplizen Nonnweiler werden wir eine, auf das Brautpaar abgestimmte, Version unserer LebensLieder spielen. Verzichte daher bei diesem Hotelbesuch auf ein weiteres Kulturangebot in meiner Heimatstadt (wobei am Abend im Museumsquartier eine interessante Lesung zu sein scheint) und erfülle mein tägliches Kulturpensum mit einer Generalprobe am Nachmittag im *Kulturhof* auf Emst.

Wie bereits gestern bei der Anreise zum *Hotel Lex*, nutze ich für den Weg nach Emst mein kürzlich erworbenes Deutschlandticket. Der öffentliche Personennahverkehr liegt mir zu Füssen – ich muss es nur noch zu schätzen lernen.

X / HOTEL LEX

Hatte mich am Abend verabredet – man wollte mir das Sushiessen nahebringen. Da das führende *SanSushi* aber Betriebsferien hat, landeten wir im *Sakura* – einem typischen asiatischen Rollbandbuffet-Restaurant. Da ich nicht erkennen konnte, was ich vielleicht hätte essen können / wollen / sollen, verschob ich das persönliche Sushi-Experiment auf ein anderes Restaurant (*SanSushi*?) mit aussagekräftiger Speisekarte. Gut, dass das *Sakura*-Rollband noch weitere Häppchen laufen ließ. Ein ganz großer Freund werde ich von diesem Asia-Export allerdings wohl nie werden? Asia-Export? An diesem Abend war im Objekt nicht ein einziger Asiate zu sehen – Dienst hatte nur die südländische Küchen- und Serviercrew!

Zurück in Zimmer 2 vom *Hotel Lex* darf ich mit anhören, was man im Nachbarzimmer im TV schaut. Hatte nicht vermutet, dass die Wände in diesem Haus so mitteilsam sind. Mir kommt die Textzeile von Klaus Hoffmann in Erinnerung: ›und nebenan schläft eine fremde Welt‹!

Im Etagenflur, gegenüber vom Aufzug, steht ein kleines Tischchen, auf dem man kleine Textauszüge unter der Rubrik ›Das Wort zum Tag‹ mitnehmen kann. Es geht um die Verbreitung der Heiligen Schrift. Mir kommt die Frage auf, wie christlich dieses Haus ist, in dem immerhin auch die Bibel auf dem Nachtschränkchen liegt. Auch das ist mittlerweile ein Relikt aus der hotel-deutschen Vergangenheit. Kann mir allerdings wesentlich abwegigere Literatur in der Hotellerie dieser Welt vorstellen.

X / HOTEL LEX

Stutzig macht mich dann aber doch der Hinweis auf der Internetseite des Hauses, die ich mir anschaue. ›Die Familie Lex ist darauf bedacht, Komfort und Ausstattung zeitgemäß zu halten‹, steht da geschrieben. Mir gefällt der Charme des Hauses wirklich sehr. Es ist dennoch eine Zeitreise – oder ich muss bei der nächsten Befragung des Internets einmal nach dem Begriff ›zeitgemäß‹ suchen.

Dauerhaft habe ich die nie benannte ›Derrick‹-Formulierung ›Harry, fahr schon mal den Wagen vor!‹ im Hinterkopf, wenn ich durch das Haus gehe. Horst Tappert und Fritz Wepper könnten hier direkt eine neue Folge im alten Gewand drehen. Das Haus ist liebevoll und zeitgemäß nostalgisch.

Komme beim Frühstück kurz mit der Geschäftsführerin Christiane Lex ins Gespräch. Sie führt das Familienunternehmen mit ihrem Bruder zusammen. Seit über 65 Jahren ist das *Hotel Lex* bereits im ›Theaterviertel‹ der Stadt Hagen verankert.

Danke, Familie Lex, für die Zeitreise in meine Kindheit. Falls man mir einen Marketinghinweis erlaubt: laden Sie mal zu einem Retro-Abend in ihr Haus ein – inklusive Mettigel, Käsepilz, Bowle und der Möglichkeit in den Ledersesseln der Lobby zu rauchen. Melde mich hiermit schon mal an!

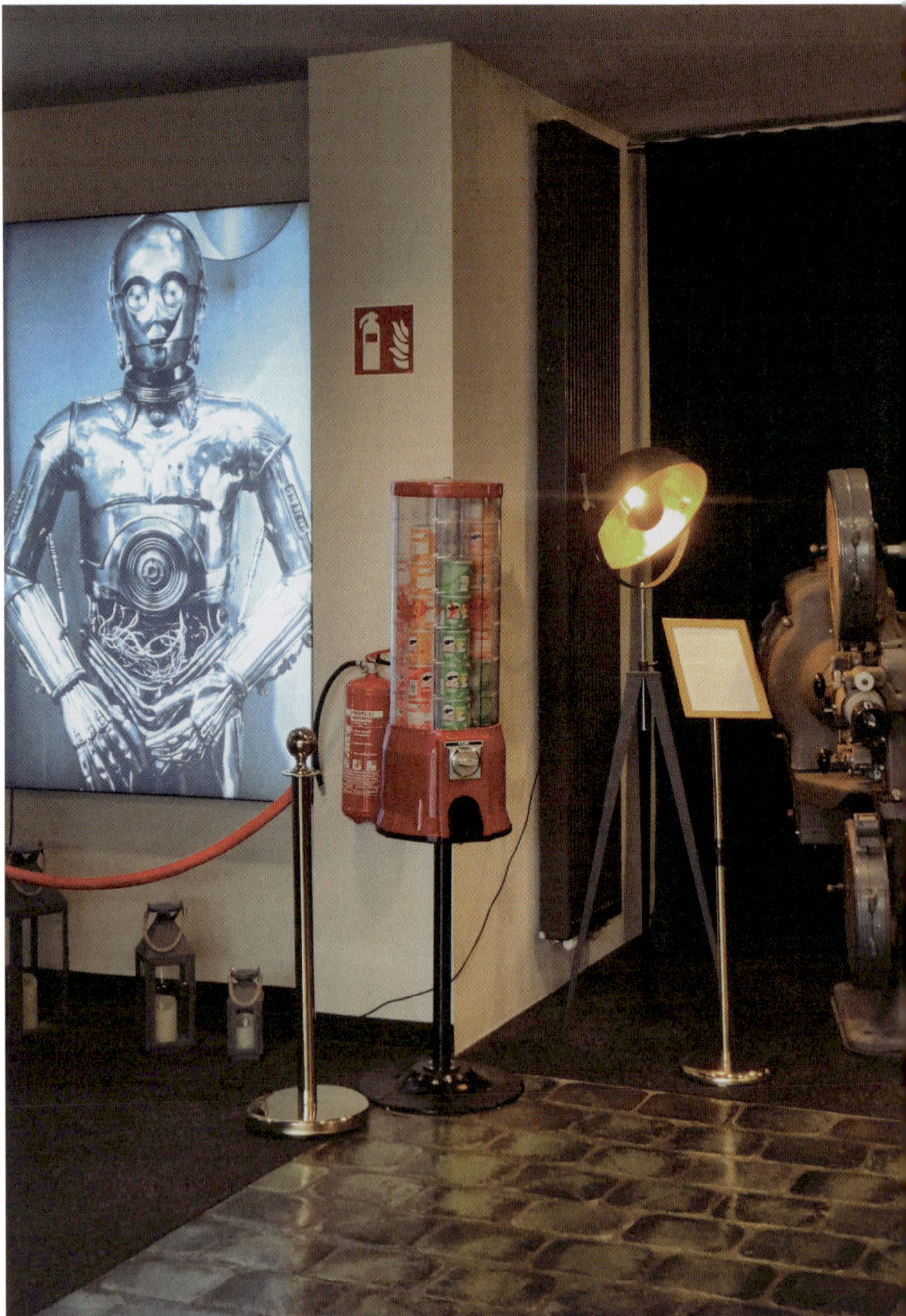

XI / AMICAL HOTEL
10.10. bis 12.10.2023

Endlich! Im Januar startete ich in diesem Haus meinen ersten Übernachtungsversuch und musste zwei weitere Anläufe nehmen, um im Herbst hier dann doch noch unterzukommen: im alten *Gloria*-Kino. Zimmer 102 begrüßt mich mit dem überdimensionierten Wandplakat von ›Dirty Dancing‹. Keinen Film werde ich in meinem Leben häufiger gesehen haben – auch wenn ich gerne etwas anderes behaupten würde. Wenn meine Lebensgefährtin später einchecken wird, sollte die Hebefigur des Filmes vielleicht nicht der Anreiz für gemeinsame Stunden im Hotel sein. Schaunmerma.

Bepackt mit der Arbeitstasche und dem kleinen Trolley steige ich an der Bushaltestelle ›Altenhagener Brücke‹ aus der Linie 515 – und wundere mich über das Polizeiaufgebot in der kleinen Straße ›Zum Hauptbahnhof‹. Drei Mannschaftswagen bietet die Staatsmacht auf, um bei dem Barbier *Ayoub* nach dem Rechten zu sehen. Ein ruhiger Einsatz, bei dem es aber wohl eher nicht um die Rasurempfehlungen der kommenden Wintersaison ging. Wahrscheinlich war einem Zivilbeamten bei einem Privatbesuch auch die eher unbekannte Kaltnassrasur suspekt ...

Zwei Nächte im Doppelzimmer, inklusive Frühstück, für 200 Euro. Die Rechnung darf ich gleich beim Check-In zahlen. Dafür wird mir, um das cineastische

XI / AMICAL HOTEL

Alleinstellungsmerkmal des Hauses zu unterstreichen, eine Portion Popcorn angeboten. Eine schöne Idee – ich lehne dennoch ab.

Trage den Rollkoffer in die erste Etage. Bin froh, in Zimmer 102 untergebracht worden zu sein und nicht in der vierten Etage. Das *Amical* wirkt beim Betreten ganz angenehm – verzichtet allerdings auf einen Aufzug im Objekt.

Habe keine wirkliche Erinnerung an jenes Haus, in dem ich mit den ›Schlümpfen‹ meinen ersten Kinofilm gesehen hatte. Kann auch nicht einordnen, was wohl in dem Bereich des Hauses damals war, in dem nun die Zimmer 101 bis 105 zur bereits benannten Zufahrtsstraße zum Hauptbahnhof liegen. Das Zimmer ist erfreulich groß und die Innenausstattung komplett beim bekannten schwedischen Einrichter gekauft. Fühle mich also mit der Schreibtischlampe, die bei mir zuhause als Bettleuchte dient, gleich heimelig.

Der Eingangsbereich des Hotels ist derzeit durch eine nebenliegende Baustelle schwer zugänglich. Wand an Wand wird aktuell das 17. Hagener Hotel gebaut, welches frühestens 2024 eröffnen wird (und daher aus dieser Berichterstattung fällt). Der Bauzaun lässt den Zugang nur von einer Seite des Gehsteigs zu – man muss direkt am *Piccolo* vorbei. Der vielleicht letzten urdeutschen Kaschemme im heimischen Bahnhofsviertel. Bin mir noch nicht sicher, ob ich in den kommenden 36 Stunden dort auf ein Herrengedeck einkehren werde. Die sonnenbebrillte Seniorin mit grell-

XI / AMICAL HOTEL

geschminkten Kussmund im ungepflegten Rock-'n'-Roll-Style vor der Eingangstür lässt vermuten, dass man ein eher außergewöhnliches gastronomisches Abenteuer bestehen wird.

Bevor ich das Hotel zum Abendessen verlasse, werde ich von der Portiere / Portierin zum zweiten Mal gefragt, wann ich zu frühstücken wünsche. Halte 09:00 Uhr für eine faire Zeit.

Das *SanSushi* hat geöffnet und einen Tisch frei. Im freigewählten Außenbereich – am 10. Oktober. Danke, Klimawandel.

Heute also die Sushi-Premiere. Traue mich allerdings nur an eine kleine vegetarische Auswahl – und einem Bissen mit Fischrogen aus der Bentobox meiner Begleiterin. Wieso muss man klebrigen Reis mit irgendeiner Füllung kalt essen? Es ist mir keine Offenbarung – wobei die Reishäppchen hier wesentlich appetitlicher präsentiert werden, als beim Mitbewerber ein paar Straßen weiter. Zumindest kann ich die Füllungen zuordnen und erkennen. Genieße den heißen Hauptgang. B3 – Bibimbab mit Hühnchen. Scharf. Ein sehr würdiger Sushi-Vertreter.

Auf dem Rückweg zum *Amical* kehren wir zuerst im orientalischen Lebensmittelgeschäft *Al Madina* ein, wo ich eine umfangreiche Nussauswahl finde, die ich beizeiten wiederbeehren werde. Die experimentierfreudige Küchenkunst kann hier wahrscheinlich auch fündig werden. Zu einem abendlichen Abschluss geht es zum *The Loft* – einer griechischen Cafebar, direkt am Graf-von-Galen-Ring, gegenüber vom Haupt- und Busbahnhof, gelegen.

XI / AMICAL HOTEL

Zwei (mal zwei) Cocktails später werden wir bereits auf den Ouzo eingeladen. Gastfreundschaft im Schmelztiegel der Stadt. Dienstagabend, 23:00 Uhr – wir sind die letzten zahlenden Gäste und gönnen dem Team ihren Feierabend. Bin angetan vom guten Geschmack meines Barfavoriten – der bisher zweitbeste Negroni auf der diesjährigen Hotel-Tour. An der *Saxx*-Bar gab es wohl die selteneren Zutaten.

Gegenüber vom *Amical* gibt es aktuell einen Kiosk, der die Getränke für die Nacht bereithält. Gönne mir zum spätabendlichen Schreiben ein tschechisches *Budweiser Budvar* und zur Nacht eine große Flasche Mineralwasser. Der Popcorn-Wagen im Eingangsbereich vom Hotel ist, im Gegensatz zum Check-In am Nachmittag, leergeräumt. Gut so. Bin ja immerhin unter der aktuellen Beobachtung einer Ökotrophologin. Bei den Einträgen im Ernährungstagebuch machen sich nächtliches Bier und Popcorn nicht besonders gut. Entscheide mich also für tschechischen Hopfen und gegen amerikanischen Mais.

Habe eins der drei Fenster über Nacht ›auf Kipp‹ geöffnet und bin erstaunt, dass es erstaunlich ruhig im Bahnhofsviertel ist. Vom Zugverkehr hinter der gegenüberliegenden Häuserreihe bekommt man hier gar nichts mit – allerdings vom Dienstbeginn der Bauarbeiter um 07:00 Uhr in der Frühe. Es ist erst noch minimal zu missachten – aber irgendwann hilft nur noch die Resignation und das Aufstehen. Eine Wohlfühldusche trägt über die Müdigkeit hinweg.

XI / AMICAL HOTEL

Der Frühstücksbereich, hinter einer Lamellenwand vom Foyer abgetrennt, wird von Lampenarrangements mit alten Filmspulen ausgeleuchtet. Es ist charmant angerichtet und bestens ausgestattet. Mir wird das geschätzte Frühstücksrührei angeboten, welches mir immer wieder beim Hotelmorgen zusagt. Die Joghurt- und / oder Quarkspeisen werden hier durch Produkte der Firma *Actimel* ersetzt. Habe etwas Sorge um meine Darmtätigkeit im weiteren Tagesverlauf.

Setze mich an den Schreibtisch in Zimmer 102, nachdem ich das ›bitte nicht stören‹-Schild an die Klinke gehängt habe. Schreibe, lese, maile, telefoniere und überlege, was ich in der Heimatstadt kulturell erleben kann. Es ist heute etwas mau. Die Theater haben keine Aufführungen, die Kinofilme erfreuen sich nicht meiner Gegenliebe und Konzerte werden augenscheinlich auch nicht gespielt. Gut, dass das Wirken von Karl-Ernst Osthaus in Hagen Spuren hinterlassen hat. Werde mich zum Mittag in den Bus setzen und den *Hohenhof* besuchen. Laut Internetpräsentation hat der mittwochs von 10:00 Uhr bis 18:00 Uhr geöffnet. Da das Wetter auch am 11. Oktober eher als sommerlich zu bezeichnen ist, werde ich mir mal den Park ansehen, der im Sommer wiedereröffnet wurde.

Die Öffnungszeiten am Eingangsbereich sprechen eine andere Sprache (man hätte nur am Wochenende geöffnet), aber zumindest ist der Zugang zu der Parkanlage möglich. Hoffe, dass die heimische Bevölkerung den *Hohenhof* in Augenschein nimmt – vor allem die Kritiker der Baumfällungen für die Herrichtung der Anlage in

XI / AMICAL HOTEL

den (fast) ursprünglichen Osthaus-Zustand. Nicht nur die Gartenanlage ist ein Hagener Juwel.

Aus ganz persönlichen Gründen schließt sich ein Ausflug mit dem öffentlichen Personennahverkehr nach Werdohl an. Eigentlich in einer knappen halben Stunde soll man von Hagen dort sein. Klappt mit der DB und ihren Verbundunternehmen leider nur so semi. Kehre gegen 17:30 Uhr zurück zum Hagener Hauptbahnhof und gönne mir ein Bier – im Piccolo. Bin der einzige Gast um diese Uhrzeit und positiv irritiert, dass man heutzutage noch für 1,40 Euro ein kleines (0,2 l.) Bier bekommt. Nehme noch ein zweites Glas – was den Wirt dazu veranlasst, mich beim Abschied auf einen weiteren Besuch einzuladen. Wir wollen es mal nicht gleich übertreiben. Es war jedoch etwas Nostalgie dabei – so sahen die Pinten aus, als ich anfing, mal ›vor die Tür‹ zu gehen. Vielleicht hingen damals weniger Nationalfahnen in den Kneipen ... und ... wo war der Frikadellenturm?!

Am Schlüsselring für Zimmer 102 hängt noch ein weiterer Schlüssel. Mit diesem öffne ich die Glastür im Eingangsbereich. Mir kommt der Mitarbeiter des Hauses entgegen, der mir einen Blick in den alten Kinosaal ermöglicht. Zumindest steht es so an der Tür zum früheren Saaleingang. Mittlerweile verbirgt sich dahinter ein kleinerer, abgeteilter Raum, der als Konferenzraum angemietet werden kann.

Vom alten *Gloria*-Kino steht noch ein ›Normaltonfilmprojektor Bauer B 12‹ im Eingangsbereich. Ein monströses Gerät, welches selbst als Dekoration Lust

XI / AMICAL HOTEL

auf die guten alten Filme macht. Wird vielleicht mal wieder Zeit für Bogarts ›Casablanca‹ oder für die italienische Kino-Hommage ›Cinema Paradiso‹. Da fällt mir ein, dass ich immer noch nicht den ›Barbie‹- Film gesehen habe.

Zuerst ist aber Zeit für ein Abendessen. Nach dem Frühstück hatte ich nichts mehr gegessen und freute mich bereits auf den Besuch eines türkischen Holzkohlerestaurants, das Alternativen zum obligatorischen Dönerbrötchen bereithält. Im direkten Amical-Umfeld, Blickrichtung zur Altenhagener Brücke, gibt es vier oder fünf dieser Läden, von denen ich bisher nur das *Gül Saray* kannte, welches aber schon die Putzcrew in Stellung gebracht hatte, als ich das Objekt betreten wollte. Entschied mich daher für das *Pasa Restaurant*, fast unterhalb der Brücke. Hatte mir einen Platz im Restaurant gewählt, wobei ein Teil des Teams noch im Außenbereich gemeinsam eine Pause genoss (11. Oktober 2023, 20 Grad). Man gab mir das Gefühl, nicht vollkommen willkommen zu sein. Als ich mich gedanklich bereits mit dem nächsten Grill auseinandersetzte, erbarmte man sich doch, mir die Karte zu reichen. Es wurde der Grillteller – mit Reis und Salat ... der dann durchaus für die Wartezeit im ansonsten leeren Restaurant entschädigte.

Holte mir auf dem Weg ins *Amical* noch ein weiteres Schreibbier (und entsorgte das Leergut vom Vorabend), vernahm mit einem Lächeln, dass das *Piccolo* bereits geschlossen hatte und zog mich in Zimmer 102 zurück. Auch hier war die Spätschicht

XI / AMICAL HOTEL

bereits dabei, das Foyer zu feudeln. Ganz schön sauber, die Hagener Bahnhofsimmobilien. Man ahnt das ja erstmal nicht!

Hatte gestern das Gefühl, eins von zwei vermieteten Zimmern im *Amical* gebucht zu haben. Heute begegnen mir mehrere BewohnerInnen. Der Inder mit Turban, die Rucksacktouristin und der etwas zerstreut-wirkende Endvierziger, der am Treppenabsatz wieder umdreht und im Foyer wartet, bis ich die Treppe vom ersten Stock heruntergekommen bin. Es wäre ausreichend Platz für uns im Treppenaufgang gewesen. Wenn man das Hotel betritt, fühlt man direkt eine Verbundenheit zu den anderen Gästen. Wahrscheinlich ist diese Wahrnehmung das Geheimnis von Menschen, die sich gerne in Hotels aufhalten.

Schaue mir noch eine gestreamte Schriftsteller-Doku an, schließe das Fenster komplett und verfalle in einen tiefen Schlaf. Keine Ahnung, wann die Bauarbeiten nebenan heute begannen – aber ich öffnete die Augen erst um 08:30 Uhr. Minimale Hektik kam auf, um vorerst ungeduscht, am Frühstückstisch Platz zu nehmen. Dort gab es heute zusätzlich einen Naturjoghurt – zum *Actimel*-Angebot.

Check-Out ist bis 12:00 Uhr. Da schaffe ich noch die Dusche, das morgentliche Tageszeitungsstudium, erste Telefonate und Textnachrichten und sogar die letzten Zeilen zum *Amical*-Besuch. Das nächste Haus, was durchaus positiv zu überraschen weiß und mich darin erinnert, dass ich dringend zu *Ikea* muss. Kerzen kaufen.

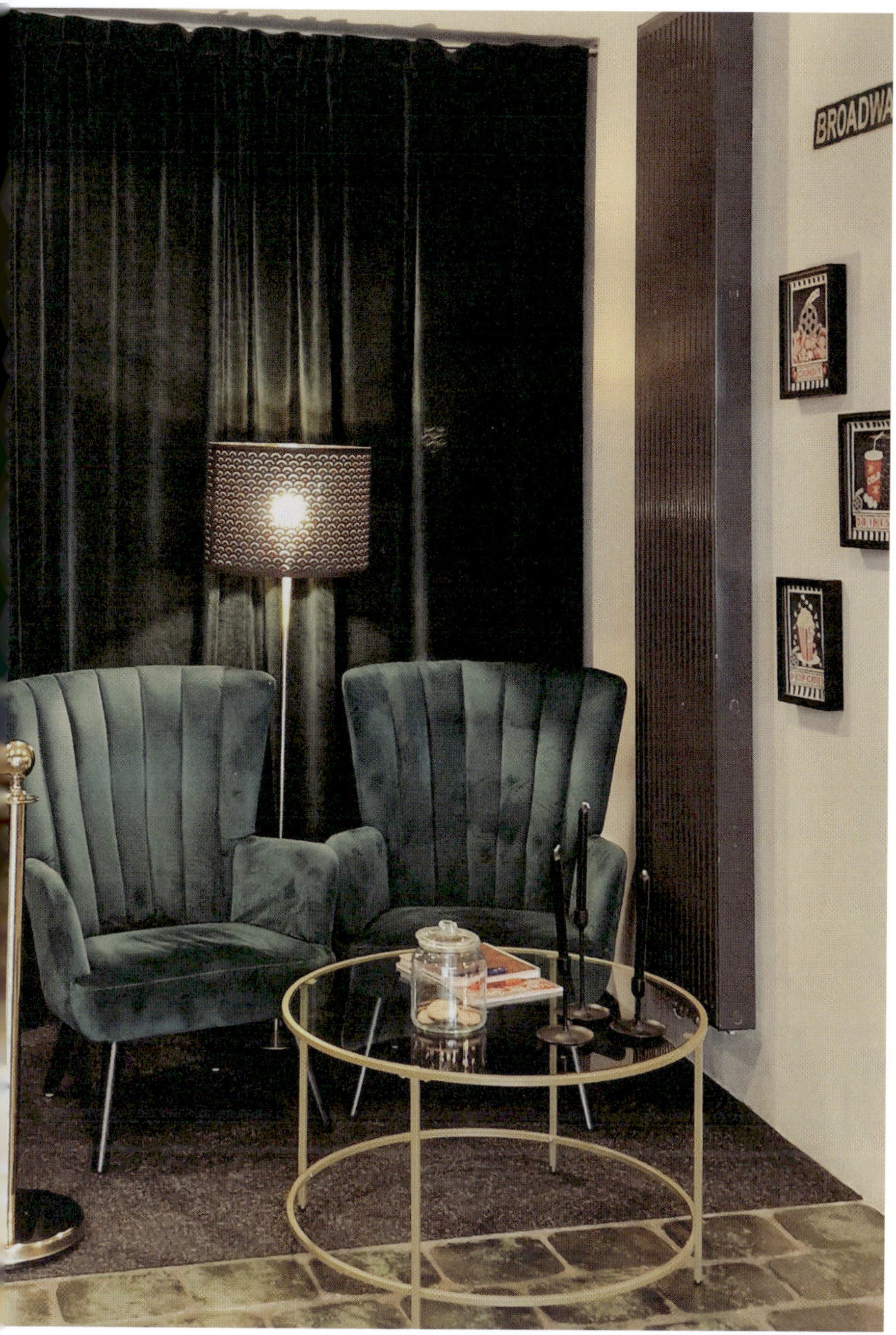
BROADWA

WALDLUST.

XII / HOTEL WALDLUST

XII / HOTEL WALDLUST
24.10. bis 26.10.2023

Komme nicht wirklich gut aus dem Büro und hatte noch nicht einmal den Koffer gepackt. Bin demnach etwas gestresst, als ich gegen 17:00 Uhr die Pelmkestraße hochfahre, die durch die ausdrucksstarken und achsschädlichen Fahrbahnaussparungen eine Art gewachsene Verkehrsberuhigung darstellt.

Der Parkplatz vor dem Restaurant ist leer und an der Restauranttür hängt ein Zettel mit einer Rufnummer, die zum Check-In zu wählen sei. Keine zwei Minuten später öffnet mir Andrea Berger die Tür. Sie nutzt den Schließungstag für Verschönerungsarbeiten im Objekt und entschuldigt ihren Arbeitslook. Denke, dass aktuell auch die eigene Kraft in der Hotellerie und Gastronomie viel zählt. Dennoch, so wird bereits im zweiten Satz deutlich, reicht die nachcoronale fehlende Mitarbeiterschaft nicht aus, um eine 6-Tage-Woche anbieten zu können!

Somit ist klar – zu Essen bekomme ich hier heute nichts mehr! Nächste Überraschung: für das morgige Frühstück fülle ich direkt beim Check-In einen Wunschzettel aus und stelle mir dabei mein Frühstück zusammen. Es ist die charmante Waldlust-Antwort auf den Wegwerfkonsum bei einem Frühstück in Buffetform. Bin somit bereits jetzt auf mein Frühstück um 9:00 Uhr gespannt.

XII / HOTEL WALDLUST

Beziehe mit meinem Gepäck Zimmer 1.03 – im Gästehaus, welches gegenüber vom Haupthaus liegt. Kann mich nicht genau daran erinnern, wann der Neubau aus der Gastronomie vor Ort eine Hotellerie machte!? Werde es aber bestimmt in meiner Zeit hier herausbekommen.

Obwohl ich ein geräumiges Zimmer betrete, nehme ich zuerst die Außenterrasse wahr, auf der zum nunmehr nicht mehr wegzudiskutierenden Herbst noch die Sitzgarnituren stehen und die direkt Sehnsucht auf einen lauen Sommerabend macht. Das Interieur in Zimmer 1.03 ist, in der Mischung aus Holztönen und grauen Elementen, sehr ansprechend und modern. Geradezu zeitgemäß. Das Badezimmer ist sehr geräumig und ich überlege ernsthaft, mal die Wanne zu nutzen, die mir auf meiner heimatlichen Hoteltour erstmals angeboten wird – mit Ausnahme der Bryan-Adams-*Saxx*-Wanne. Einzige kleine Kritik: am Schreibtisch ist keine kleine Lampe, die mir das Schreiben erleichtern könnte.

Habe mit der *Waldlust* einige Verbundenheiten in meiner Lebensgeschichte. Beispielsweise feierte mein Bruder im September 1992 mit seiner Frau Bettina die gemeinsame Hochzeit hier. Dass die Ehe nicht wesentlich länger hielt, als die angetraute Durchschnittsbeziehung, ist nicht dem Festsaal oder den damaligen Pächtern anzulasten. Erschreckender ist eigentlich, dass mittlerweile die Hälfte der Hochzeitsgesellschaft gestorben ist – inklusive des damaligen Bräutigams.

Nach einem Konzert eines befreundeten Liedermachers gab es vor einigen Jahren ein mehr oder weniger zufälliges Wiedersehen mit meiner Ex-Freundin, welches darin gipfelte, dass das Haus nicht grundlos seinen

XII / HOTEL WALDLUST

Namen trägt. Ebendieser Liedermacher war es dann auch, der mir vor anderthalb Jahren, bei meinem letzten Besuch in der *Waldlust*, von seinen anstehenden Vaterfreuden berichtete. Von der kleinen Charlotte hatte ich ja schon unlängst berichtet. Zu noch früheren Zeiten war die *Waldlust* familiär ein beliebtes Ausflugslokal. Denke, dass ich noch an der elterlichen Hand lief, als ich zuletzt das oberhalb liegende Wildgehege besucht habe.
Zuletzt war ich im Sommer in der Gegend. Auf dem gleichnamigen Fußballplatz, dessen Gelände sich dem Grundstück anschließt, stattet der Kreisligist Roter Stern Wehringhausen seine Heimspiele ab. Jener *Rote Stern* feierte sein 30jähriges Jubiläum – was mich als Gründungsmitglied freute. Bin halt doch immer mehr der Vereinsmeier gewesen – zumindest mehr als im Abgleich zum aktiven Kicker.

Da das Restaurant des Hauses Ruhetag hat, entscheide ich mich für das chinesische Buffetrestaurant *Kaisergarten*. Der freundliche Kellner fragt mich nach meinem Getränkewunsch und ob ich vom Buffet essen möchte. Frage ihn, ob ich auch aus der Karte bestellen könne!? Was er verneint. Wir lachen Beide über seine Frage! Mein Radler wird mir von so einem neumodischen Rollcomputer mit großen Katzenaugendisplay serviert. Die Krone des Getränks ist schon ziemlich dezimiert, als das Unding meinen Tisch erreicht. Es war wohl länger unterwegs. Direkt im Anschluss, noch bevor ich zur Pekingsuppe greifen konnte, fährt das rollende Kellnergroßtamagotchi dreimal durch das Restaurant und singt dabei lautstark ›Zum Geburtstag viel Glück‹ –

XII / HOTEL WALDLUST

die Jubilare erhalten jeweils einen Cocktail auf Kosten des Hauses. Mich macht das elektrische Rollvieh am Tisch eher traurig ... oder missmutig ... oder aggressiv. Was sagt eigentlich die NGG-Gewerkschaft oder die Dehoga zu dem schleichenden, rollenden Personalabbau? Mangels persönlicher Selbstbeherrschung verlasse ich das vormalige Parkhaus, in dem ich noch die Abschlussbälle der Tanzschulzeit absolvierte (was eben so weit weg liegt, wie meine übrige sportliche Vergangenheit), mehr als gesättigt. Also ... mehr als mehr gesättigt. Fahre auf dem Rückweg zum Zimmer 1.03 noch zum Wilhelmsplatz, wo ich in einem Kiosk Getränke für den Abend und die Nacht kaufe. Warum ich dabei, ähnlich wie zum Kioskbesuch beim *Lex*-Aufenthalt, direkt noch Produkte vom führenden Bonner Süßwarenhersteller kaufe, entzieht sich meiner Kenntnis. Setze mich ins Auto und suche dort zur Weiterfahrt das passende Lied zur Ortschaft. ›Wilhelmsplatz‹ von dem *Extrabreit*-Gründungsmitglied Stefan Kleinkrieg. Eine feine, kleine Liebeserklärung an die Heimat. Mehr davon, Ihr liebreizenden MusikerInnen in ›Hometown Hagen‹!

Ein eigener Kulturbesuch ist mir beim hiesigen Dreitagebesuch nicht gestattet. Hätte mir gerne im *Kino Babylon* den aktuellen Film ›Fallende Blätter‹ vom finnischen Filmemacher Aki Kaurismäki angesehen. Die Vorstellung der Filmvorführung in Originalsprache überforderte mich dann allerdings doch. Im heimischen Multiplexkino läuft der erste Scorsese-Western mit De Niro und DiCaprio – aber auch die Aussicht auf über drei Stunden Länge scheinen zumindest für heute kein Film-

XII / HOTEL WALDLUST

vergnügen zu sein. Somit wird mein Kulturprogramm darin bestehen, die Moderation einer Lesung mit dem, in Hagen geborenen, Schriftsteller Simon Urban vorzubereiten. Sein Buch ›Zwischen Welten‹ begleitete mich bereits auf der ersten Hoteltour im Januar diesen Jahres. Am kommenden Sonntag präsentiert er das Werk im Auditorium des *Emil Schumacher Museums*. Sehr zu meiner Freude.

Dank der asiatischen Buffetvöllerei ist meine Nachtruhe etwas dürftig. Finde erst spät in die Tiefschlafphase in dieser ruhigen Wald-Umgebung. Habe anschließend etwas Stress mit der Armatur der Dusche, deren unterschiedlichen Funktionen ich nur bedingt zu bedienen weiß. Da davon auch die Temperatureinstellung betroffen ist, starte ich als bekennender Warm-, wenn nicht sogar Heißduscher, unterkühlt in den Tag.

Wechsel zwischen den beiden Häusern zum Frühstückstisch, wo mir umgehend meine Vortagsbestellungen aufgetischt werden. Nach der Dusche werde ich auf die zweite Probe des Tages gestellt: aus dem Radio erklingt Musik von Helene Fischer! Was wird dieser Tag noch für Überraschungen für mich vorhalten? Die Musik ist allerdings authentisch mit dem Interieur des Hauses. Die urdeutsche Gemütlichkeit hat in der *Waldlust* weiterhin ihren Platz. Wenige 100 Meter Luftlinie von der Hagener Innenstadt fühlt man sich in bester Urlaubsidylle. Das nennt man dann wohl Naherholung!

XII / HOTEL WALDLUST

Mich zieht es, vor einem beruflichen Termin am frühen Nachmittag, noch einmal zurück in das Epizentrum von Wehringhausen. Links vom Wilhelmsplatz liegt das heimelige *Café Gegenüber*. In dem vollbesetzten Laden bin ich als Mann eher eine seltene Erscheinung, genieße aber zum Studium der letzten drei *ZEIT*-Ausgaben die angebotene frische Minze und eine *BioZischhhh*-Limonade. Bin freudig überrascht, wie sich das Café zum Mittag füllt. Vor dem besagten Arbeitstermin im Amtsgericht schaffe ich noch weitere Erledigungen und kehre gegen 15:30 Uhr in die obere Pelmkestraße zurück. Da der Telefonempfang im Gästehaus nicht wirklich ausgeprägt ist, beende ich mein Komplizengespräch auf dem Parkplatz. Statt direkt zum Zimmer 1.03 zu gehen, schaue ich mich doch einmal um ... und rutsche auf dem matschigen Waldweg direkt mal aus. Glücklicherweise bekommt niemand den Sturz mit, der in diesem Waldrandgebiet musikalisch wohl an ›Karl der Käfer‹ erinnert. Die Behäbigkeit ist ein Trauerspiel und bereits zum zweiten Mal in diesem Jahr ziehe ich mir, wegen wahren Fehltritten, ein aufgeschlagenes Knie zu. Diese Häufung gab es zuletzt beim Pöhlen in der Kindheit! Werde mich mal bei der Krankenkasse nach altersadäquater Sturzprophylaxe informieren − nachdem ich meine Kleidung im geräumigen Badezimmer ausgewaschen habe!

In Begleitung gehe ich zu 19:00 Uhr in das heute geöffnete Restaurant des Hauses, wo die erwartet gute gutbürgerliche Küche serviert wird − inklusive einer jahreszeitlich korrekten Wildkarte. Obwohl heute der Weltpastatag ist, bin ich bei der kleinen Steakauswahl mit Grillgemüse und Bratkartoffeln gelandet.

XII / HOTEL WALDLUST

Dazu gibt es eins der Biere vom Fass. Neben unserem Fünf-Personen-Tisch, an dem die aktuellen politischen Themen aus der Blickrichtung diverser Sozialisationen und Parteiaffinitäten miteinander diskutiert werden, besuchen noch weitere 15 bis 20 Gäste das Restaurant. Es ist kaum ersichtlich, ob es sich dabei mehrheitlich um Übernachtungsgäste handelt. Für einen normalen Mittwochabend ist es für ein Restaurant ohne spontane Laufkundschaft keine schlechte Besucherzahl. Am Nebentisch sitzt ein jüngeres Pärchen, welches mit Frau Berger die Menüfolge für das baldige Hochzeitsessen bespricht. Ach – man weiß ja, wie so was endet!

Es wird unerwartet ein Dessert serviert, bevor man gegen 21:30 Uhr langsam von dem Servicepersonal auf den Ausklang des Abends hingewiesen wird. Last order, please!

Versuche, die Themen des Abends noch im Zwiegespräch aufzuarbeiten: aber wer kommt bei den Kriegsherden im Nahen Osten, der Ukraine, der Klimakatastrophe oder dem gesellschaftlichen Rechtsruck überhaupt noch mit? Gut, wenn man zwischendurch auch mal Schmunzeln darf: beispielsweise über das japanische Personal an Herrenpissoirs in Gastronomiebetrieben, die eine Nackenmassage während des Urinierens vornehmen. Es hört sich durchaus gewöhnungsbedürftig an.

Mit dem Ende der Abendrunde habe ich den Frühstückszettel für morgen abgegeben. Er ist fast identisch mit der heutigen Auswahl. Der Mensch ist ein Gewohnheitstier!

XII / HOTEL WALDLUST

Schlafe die zweite Nacht wesentlich besser in dem Boxspringbett. Wenn man erst mal seinen Platz in der Bettmitte gefunden hat, verliert sich das Gefühl, dass man im Schlaf seitlich rausrutscht. Geht das nur mir so?

Im Frühstücksraum entdecke ich wieder keine weiteren Gäste, obwohl das 11-Zimmer-Haus ohrenscheinlich gut belegt ist. Derzeit ist der Tritt an der Haustür defekt, sodass jede Türöffnung auch am Morgen eine dezente Weckerfunktion hat.

Werde nun auschecken und Zuhause direkt mit der Reinigung meiner gestrigen Sturz-Kleidung beginnen und das herbstwinterliche Schuhwerk bereitstellen.

Gästehaus

RECEPTION

XIII / HOTEL DRESEL
07.11. bis 09.11.2023

Chapeau, Familie Isken!

Habe mich in den letzten Häusern meiner heimischen Hoteltour per Mail angemeldet – und die Buchung direkt mit den Hotels abgesprochen. Das Internetbuchungsportal *booking.com* war zwischenzeitlich eine Möglichkeit, um spontane Abweisungen zu umgehen.

Das *Hotel Dresel* liegt bereits fast auf der Grenze zum Märkischen Kreis und gilt als besonderes Haus für wichtige Familien- und Firmenfestivitäten. Zeitgleich gehört ›das Dresel‹ zu jenen Hagener Häusern, die sich am Projekt ›Sei Gast in deiner eigenen Stadt‹ von Beginn an beteiligen. Das Doppelzimmer, inklusive Frühstück, erhalte ich also zum Projektpreis von 69 Euro pro Nacht.

Das ich beim Hintereingangs-Check-In aus dem Keyboy den Schlüssel mit der Nummer 24 erhalte, lässt mich vermuten, dass ich in der oberen Etage unterkommen werde. Versuche mich zu orientieren und fühle mich wie Larry Daley, der Hauptfigur aus dem Kinofilm ›Nachts im Museum‹. Bin augenscheinlich bei der Ankunft alleine im Haus und alle Türen stehen innen offen. Zimmer 24 liegt am Ende des oberen Gästeflures. Beim Öffnen der Tür bin ich angenehm überrascht. Man scheint dem Besucher aus der eigenen Stadt die Hoch-

XIII / HOTEL DRESEL

zeitssuite zur Verfügung zu stellen. Der Weißwein steht auf Eis zur Begrüßung auf dem Tisch vor dem geräumigen Sofa – von wo man auf die Badewanne schauen kann, die im Wohnraum platziert ist. Mir ist nicht unwohl bei der ersten Begegnung mit Zimmer 24.

Richte mich ein und versuche die ersten Zeilen zu schreiben. Das gelingt nur bedingt, da zeitgleich das BVB-Netradio auf meinem Laptop läuft. Die Borussia empfängt in der Champagner-Liga den FC Newcastle (und siegt 2:0).

Im Vorfeld hatte ich überlegt, wo ich im Volmetal zu Abend essen kann. Immerhin möchte ich während des Jahres möglichst viele Gastronomiebetriebe kennenlernen. Am Dienstag, das weiß ich ja bereits seit meinem Besuch im *Kehrenkamp*, ist die Gastronomie im *Dresel* geschlossen. Auch nach intensiver Recherche, unter Einbeziehung vom volmetalkennenden und bewohnenden Freundeskreis, kam mir kein Restaurant in den Sinn, welches ich noch nicht besucht habe – oder noch besuchen werde.

Startete also gastronomisch mit einem Essen vor der eigenen Haustür. Im italienischen Alimentari (quasi Supermarkt) *Fratelli Pedicillo* in Eckesey kann man hervorragend essen. Es ist kein Geheimtipp mehr, was die Brüder Orazio und Fernando Pedicillo dort vor Jahren für ihren Vater eröffneten. Das Familienunternehmen ist ein Genuss und gehört zu den wohltuenden Überraschungen, die man mehrfach in jenem Stadtteil findet, der so gerne verspottet wird.

XIII / HOTEL DRESEL

Überlege, mit Blick aus dem Fenster, der zur S-Bahn-Haltestelle ›Rummenohl‹ geht, was mich hier mit der Gegend verbindet?! In der Kindheit führte der Weg zu meiner Tante nach Lüdenscheid manchmal hier her – wenn mein Vater meinte, dass die Autobahn zu voll wäre oder ich mit meiner Mutter den Zug nahm. Dieser ängstigte mich als Kind immer, da mir nicht einleuchtete, warum die Bahn von Hagen kommend ab Brügge wieder rückwärtsfahren musste, um ins sauerländische Bergdorf zu gelangen!?

Jahre später, nachdem ich gerade den Führerschein gemacht hatte, zeigte mir mein Kumpel Michael einen ›lost place‹ im Sterbecker Tal. Auch den Ort fand ich damals unheimlich. Erinnere mich allerdings noch, dass wir, jung und cool wie wir waren, die Tour im weißen Fiat Ritmo, komplett mit Motorradhelmen gefahren sind. Fahrer und Beifahrer! Nein, man kann nicht alles erklären, was man mal witzig fand.

Weniger unheimlich, sondern ganz und gar wundervoll, war meine Begegnung als Karnevalsprinz 2008 im *Haus der Lebenshilfe*, welches am Ende der Rölveder Straße liegt. In vollem Ornat war unser gesamter närrischer Hofstaat geladen, um im ›Perspektivwechsel‹ mit den dortigen BewohnerInnen einige gemeinsame Stunden zu verbringen. Es war eine jener Sternstunden in der jecken Zeit, die zeigten, dass das belächelte Brauchtum eine hohe soziale Verantwortung in sich trägt und die Verpflichtung hat, den Frohsinn und die Lebensliebe mit allen Bevölkerungsgruppen zu teilen.

Und im *Dresel*? Eine Hochzeit von Freunden feierte ich im Juni 2001 hier (hält also seit 22 Jahren –

XIII / HOTEL DRESEL

liegt es doch an der Location?) und den 50. Geburtstag vom befreundeten Pastor, der mittlerweile beruflich in die weltliche Handelskammer gewechselt ist! Damals feierten wir aber noch gemeinsam ›im Namen des Herren‹! Es gab, glaube ich, auch mal ein Familienessen – aber die Erinnerung reicht nicht aus!

Weggefährten aus meinen kommunalpolitischen Zeiten kehren hier öfter ein. Ein Ex-Kollege mit anderer politischer Farbenlehre (Schwarz ist gar keine Farbe) ist Stammgast und veröffentlicht dabei jede Speisefolge in den sozialen Medien. Manchmal ist selbst mir die Vielzahl an Beiträgen suspekt – aber immerhin werde ich im Norden so regelmäßig über die Besonderheiten der gehobenen Küche im Süden der Stadt informiert.

Apropos Kommunal-Politik: städtische Töchterunternehmen laden gerne mal ins *Dresel* – zu Weihnachtsfeier, Klausurtagung, Firmenjubiläum, Aufsichtsratssitzung oder sonstigen Runden. Einer meiner engsten Weggefährten gehört dem Zirkel an und war mittlerweile zumindest so häufig hier zu Gast, dass das Personal ihn schon namentlich begrüßt und bei der Speiseabfrage voraussetzt, dass er doch immer auch ein Dessert nimmt! Man kann sich jetzt über die Ernährung meines Komplizen monieren – oder aber einerseits die Küchenkünste bewundern oder andererseits das geschulte Personal, welches ›seine Pappenheimer‹ kennt.

Und dann ist da ja noch der Meister des profunden Halbwissens. Friedel Hiersenkötter ist hier öfter zu Gast. Man könnte meinen, der *Dresel*-Tresen ist die Geburtsstätte für das ›Vertellken‹.

Wenn ich nach der ersten Nacht zum Frühstück gehe, werde ich mal schauen, ob das Hagener Original in

XIII / HOTEL DRESEL

Breitkord bereits zum Frühschoppen eingekehrt ist. Wäre bereit für ein frühes Pils ... und einen Bremsklotz zum Frühstück.

Friedel ist noch nicht im Haus, als ich den Wintergarten zum Frühstück betrete. Habe somit doch die Chance auf ein adäquateres Hotelfrühstück, mit der obligatorischen Auswahl am Buffet und einem frisch zubereiteten Rührei.

Gestern kam ich in der Dunkelheit in Rummenohl an und entdecke erst beim Aufstehen die Terrasse, die zu Zimmer 24 gehört. Obwohl diese seitlich zur vielbefahrenen B54 liegt, wirkt sie sehr einladend – wahrscheinlich noch mehr in den Sommermonaten. Überhaupt die B54: wenn nicht die leeren LKW durch das Volmetal fahren müssten, wäre selbst die Lage an der Hauptstraße, die hier sinnvollerweise Rummenohler Straße heißt, geradezu eine lärmberuhigte Zone. Habe die erste Nacht hervorragend geschlafen und bin glücklich über die Annehmlichkeiten des Lebens, die mir meine Heimatstadt bietet.

Habe auf dem Mobiltelefon ein paar Nachrichten und vernehme dabei, dass eine gute Bekannte von mir heute heiratet. Sie beschwert sich belustigt darüber, dass ich ihr die Hochzeitssuite wegnehme. Ihr Nunmehr-Ehegatte und sie kommen allerdings nicht aus Hagen – sie sollen sich doch im EN-Kreis ihr eigenes Honeymoon suchen!

Mir gefällt, dass auf dem Schreibtisch im Zimmer 24 ein paar Zeitschriften (u.a. das *top magazin Sauer-*

XIII / HOTEL DRESEL

land) ausliegen – und drei Werbeflyer für die Kultureinrichtungen in der Region. In anderen Häusern liegen vielleicht entsprechende Auslagen im Foyer oder an dem Empfangstresen. Auch die Aufteilung finde ich gelungen: Hagen ist zweimal vertreten (mit dem feinen *Theater an der Volme* und der *Stadthalle*) und das bereits benannte sauerländische Bergdorf mit seinem *Kulturhaus* einmal.

Eine Kritik dann ausnahmsweise doch: wieso lag in der Auswahl der Lektüren in Zimmer 24 auch eine Illustrierte für ›Schönheitstipps von Ihrer Kosmetikerin‹ für mich bereit!?

Sitze nach dem Frühstück am Schreibtisch und tippe meine Gedanken in den Computer – da erreicht mich, an diesem besonderen Ort, die nächste Hochzeitsnachricht: der schwangere Komplize (siehe: *Hotel Lex*) wird vor der Niederkunft auch noch die Ringe anstecken. Wie gut, dass man in Hagen keine Konzepthotels im Dark-Bereich mieten kann – ich hätte sonst etwas Sorge um meine Freunde und Familienmitglieder ...

Lerne am Nachmittag mit Janine Isken die fünfte Generation der Betreiberfamilie kennen. Ihre Mutter Marita arbeitet noch im Hintergrund, als Schatten, mit. Man sieht es der jungen Frau Isken mittlerweile an, dass auch die sechste Generation für das *Hotel Dresel* zumindest denkbar ist. Sie schenkt mir eine halbe Stunde Zeit zum Plaudern und erzählt von den Entwicklungen nach Corona und dem Neuanfang nach dem Hochwasser 2021. Im Sommer dieses Jahres waren die letzten Schäden beseitigt und das Haus begrüßt wieder gut

XIII / HOTEL DRESEL

und gerne eine Vielzahl von Gästen im 40-Betten-Hotel und dem Restaurant. In Spitzenzeiten wurden hier in den diversen Räumlichkeiten bis zu 450 Gäste betreut – wobei man über diese Art von Massenabfertigung eigentlich gar nicht wirklich glücklich ist.

Janine Isken bestätigt meine Wahrnehmung, dass es sich primär um Firmen- und Familienfeiern handelt, die hier im Haus zelebriert werden. Innerhalb der Woche sind die Hotelgäste vermehrt Handlungsreisende für Firmen aus dem angrenzenden Märkischen Kreis (und derzeit Tätige an den Baustellen der nahen Autobahn A45) – am Wochenende wechselt dann das Klientel in die unterschiedlichen Festgesellschaften. An große Skandale kann sie sich im Kundenstamm kaum erinnern – außer vielleicht an eine Zimmerrenovierung nach einer Hochzeitsfeier. Man weiß nicht genau, ob das Pärchen auf dem Zimmer weiterfeierte, oder in Streit geriet – jedenfalls wurde Unmengen von klebrigem Alkohol im ganzen Zimmer verteilt, sodass eine Komplettrenovierung folgte.

Und an das abrupte Ende einer Hochzeitsfeier, in der sich die Familien des Brautpaares nur bedingt auf einander einließen, mag sich die freundliche Gastgeberin auch nur ungern erinnern. Ebenso an eine Sängerin mit Hagener Wurzeln, die auch hier bereits rumschwurbelte – aber die Dame soll keine weitere Erwähnung finden.

Zur Frage nach dem Sound des Hauses vertagen wir uns vorerst. Mit meinen aktuellen (nicht persönlichen) Hochzeitsgedanken in der entsprechenden Suite, schlage ich den ›Zillertaler Hochzeitsmarsch‹ vor – Janine Isken möchte darüber lieber noch etwas nachdenken. Ihr schwebt was klassisch-modernes vor.

XIII / HOTEL DRESEL

Zum Ende des späteren Abendessens, welches ich im Freundeskreis einnehme, wird Sinatras ›My Way‹ gespielt. Ebenjener oben erwähnte Politfreund, der bei dem Essen anwesend war, meinte, dass dieses Lied gerne zum Ende des Arbeitstages im *Dresel* gespielt wird. Vielleicht ist das das Lied des Hauses.

Wir speisen gediegen aus einer feinen Speisekarte, in der auch die Vegetarierin am Tisch fündig wird. Hatte am Nachmittag noch den Hinweis bekommen, dass der ›Waldhüterschmaus‹ eine Spezialität der Küche wäre. Fand den Tipp nicht auf der Karte und wählte dafür einen anderen Hauptgang, zwischen Vorspeise und Dessert (welches jeweils in irgendeiner Form von meiner Partnerin mit verzehrt wurde – eine moderne Form der Trennkost).

Der Chefkellner fachsimpelte mit dem Politfreund über weitere Termine der Stadttöchter in diesem Jahr und dass man sich somit bestimmt bis zum Jahresende noch wenigstens zweimal sehen würde. Man kennt sich in Hagen – über alle Berufsgruppen hinweg. Wir genießen im *Restaurant Dresel* einen wunderbaren Abend. Bin dabei positiv irritiert, wie gut gefüllt das Haus, an einem alltäglichen Mittwoch-Abend, ist. Zwei, drei größere Gesellschaften und etliche kleinere Tische sind in den unterschiedlichen Räumen des Haus verteilt – und werden von einem großen Team bewirtet. Allein um unseren Tisch kümmerten sich bis zu vier KellnerInnen nachdem sich bereits zuvor die Hausherrin persönlich um die Aperitifs gekümmert hatte. Service, wie man ihn nicht überall in der Heimat gewohnt ist – in der

XIII / HOTEL DRESEL

man mittlerweile bereits in einem wiedereröffneten Fastfoodrestaurant fast eine Stunde auf seine Bestellung warten muss. Der Genuss, dass muss man nicht verhehlen, hat natürlich auch seinen berechtigten Preis. Wenn man sich das erlauben kann und möchte, ist es bestens investiertes Geld.

Gegen 22:30 Uhr löst sich unsere kleine Gesellschaft auf und es geht zurück in Zimmer 24. Der Genuss des Tages, in dem wirklich charmanten Familienhaus, fordert seinen Tribut und es zieht mich in die zweite Nacht.

Bin nach der zweiten Nacht zwei Stunden früher beim Frühstück als am Vortag und vernehme auch weitere Übernachtungsgäste, bei denen es schwer fällt, die Gründe für den hiesigen Besuch zu erkennen. Nur bei der Lehrerin, die mir gegenüber sitzt, kenne ich die Beweggründe für das frühe Morgenmahl.

Nutze die seltene Chance auf eine Druckausgabe der heimischen Tageszeitung (die ich sonst allmorgendlich auf dem Tablet lese) und verbinde die Lektüre mit einer dritten Tasse Kaffee.

Es ist der 09. November 2023. In der Ukraine herrscht weiterhin ebenso Krieg, wie im Gaza-Streifen. Wo steht unsere Gesellschaft an diesem Tag? Zu dieser Zeit? Werde am frühen Abend an einer Gedenkveranstaltung zur Pogromnacht teilnehmen! Jahrelang gab es dort Aufforderungen wie ›Nie wieder‹ und / oder ›Während den Anfängen‹ - die leider gesellschaftlich nicht ausreichten. Wir sind wieder ›mittendrin‹ im Wahnsinn aus Religion, Politik und menschlicher Dumpf- und Dummheit.

XIII / HOTEL DRESEL

Wieso können die Menschen nicht im Frieden miteinander leben?

Die Gedanken zum Jahrestag lassen mich etwas abschweifen, während ich nach dem Frühstück die letzten Eintragungen zu dem wundervollen, wohltuenden Besuch im *Hotel Dresel* mache.

Die Badewanne in der Hochzeitssuite habe ich übrigens nicht benutzt – auch wenn ich es verlockend fand. Dafür nehme ich zum Abschluss noch eine Dusche und werde um 11:00 Uhr ausgecheckt haben. Bin mir allerdings sicher, dass ich hier noch einmal zu Gast sein werde – bevor die 6. Generation die Hausleitung übernimmt!

Bleibt also nur noch die Frage nach dem Sound des Hauses, Frau Isken!?

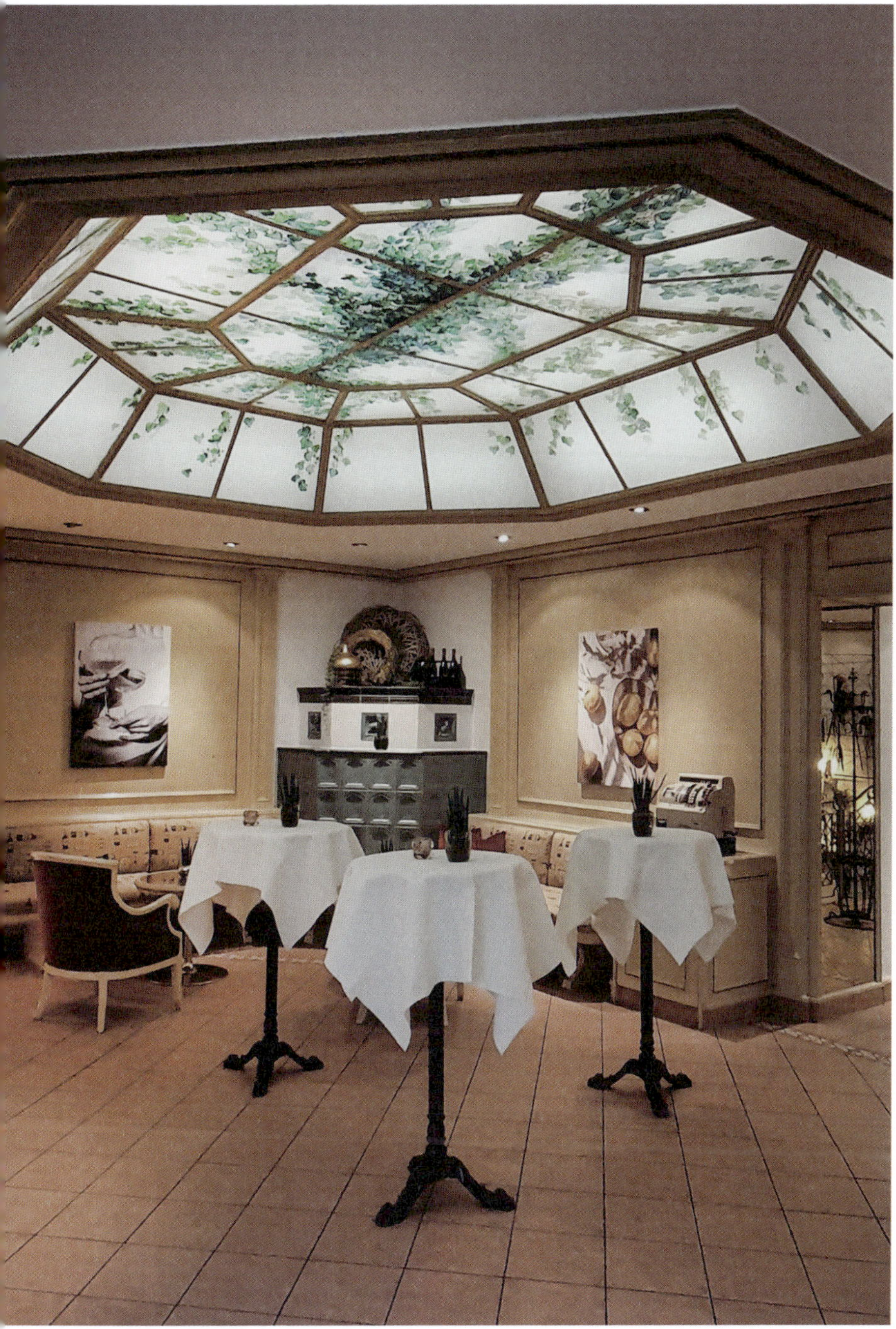

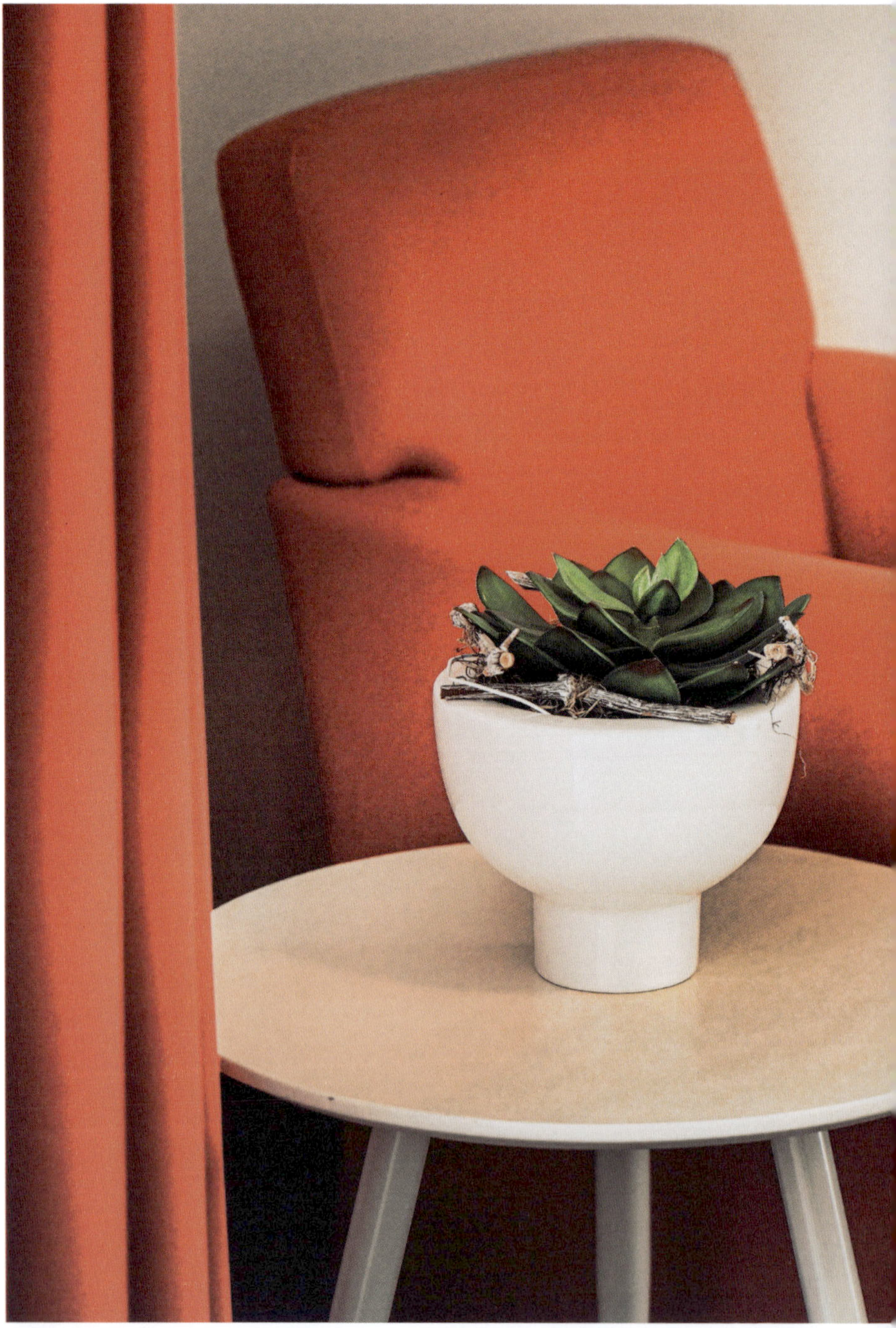

XIV / CAMPUSHOTEL
28.11. bis 30.11.2023

Um 18 Uhr habe ich Zimmer 401 endlich soweit eingerichtet, dass ich mit dem Schreiben beginnen kann. Kam erst 90 Minuten vorher aus dem Büro, erledigte noch ein paar Besorgungen und war angetan von dem freundlichen, professionellen Empfang in einem der jüngeren Hagener Übernachtungshäuser.

Ein sehr gepflegtes Haus mit modernem Interieur – die Räume in schwarz (naja ... grau)-weiß gehalten mit roten Akzenten. Erinnert mich etwas an die szenige Italokneipe meiner Jugend – dem *Monello* in der Kampstraße. Beim Empfang wird mir direkt das nebenliegende *Landhaus Tomas* als Speiselokal für das Abendessen empfohlen. Das Hotel hat keine eigene Gastronomie und bietet zum Frühstück die Möglichkeit an, in dem Café der Bäckerei zu frühstücken, welche im gleichen Gebäude untergebracht ist. Das Konzept scheint aufzugehen.

Mein erster Versuch im März oder April hier im Haus spontan zu nächtigen, scheiterte und hatte den Ausschlag gegeben, dass ich nur noch mit Vorreservierungen anreiste. Es ist das Haus, in dem bisher meine Familienangehörigen aus der Ferne zu etwaigen Familienfeiern (wobei es eher Familientrauerfeiern waren) untergekommen sind. Meine schwedische und bayrische Verwandtschaft fühlte sich hier immer gut aufgehoben. Kann das gute Gefühl in den ersten Momenten gut nachvollziehen. Über der Schreibtisch-

XIV / CAMPUSHOTEL

platte ist der angemessene Flatscreen angebracht, der sich das Regal mit einem kleinen, weißen Porzellanstern teilt. Ein Dekohinweis auf die nun beginnende Adventszeit. Dezent und schön. Mir gefällt der unauffällige Weihnachtsgruß ebenso, wie das geräumige Badezimmer, mit einer ebenerdigen Duschkabine und einer Regendusche. Vielleicht eine der Errungenschaften meiner Hoteltour – werde mir wohl für die heimische Dusche beizeiten auch mal so einen Brausekopf (nutzt man das Wort noch?) zulegen. Immerhin war er in der Hälfte der Hagener Hotels installiert. Oder ist das das Vorrecht von Hotels und werden Regenduschen gar nicht an Privatleute verkauft? Solche Fragen kann man sich natürlich nur stellen, wenn Baumärkte nicht der bevorzugte Ort zur Stärkung der Männlichkeit sind.

Es ist übrigens ein schlechter Tag für mich im Kreislauf eines Jahres. Der Winter hat Einzug erhalten und selbst in meiner talliegenden Heimatstadt gab es in der vergangenen Nacht den ersten Schnee des Winters. Als Möchtegern-Südländer sagt mir dieses weiße Zeug überhaupt nicht zu. Hinzu kommt die damit einhergehende Glätte und Rutschgefahr – immerhin stürze ich ja bereits schon ohne glatten Untergrund, wie ich kürzlich in der *Waldlust* bewiesen habe. Bei Schnee und Eis wird mein Gangbild nicht besser. Gibt es eigentlich Rollatoren mit Winterreifen? Werde mich mal mit der Thematik zukünftig auseinanderzusetzen haben – immerhin wies mich ein Komplize kürzlich darauf hin, dass mein nächster ›runder‹ Geburtstag die 60 ist! Man will das ja selber nicht glauben – und natürlich sieht man mir das auch gar nicht an!

XIV / CAMPUSHOTEL

Bevor Neuschnee den Weg zum Restaurant nicht mehr möglich macht, werde ich nun mal losgehen und den Laden besuchen, der Jahrzehnte in Hagen nur ›Buschmanns Änne‹ genannt wurde. Familie Buschmann, die ihr Restaurant u.a. mit jeder Menge gerahmter Karnevalsorden dekorierte, ist nur noch eine Legende – das *Landhaus Tomas* versteht sich nunmehr auf Steaks und ist ein Teil der kroatischen Gastro-Community meiner Heimatstadt, der auch das bereits besuchte Restaurant *Rustica* und das Hotel *Art Ambiente* zuzurechnen sind. Nach dem Besuch kann ich nicht nur das Steak empfehlen, sondern auch eine wirklich selten gute Gulaschsuppe. Bin mal wieder beeindruckt, wie gut gefüllt die heimische Gastronomie an einem Dienstagabend ist. Traf im *Landhaus* auf einige ehemalige Gefährten und wundere mich, dass die Zeit der dumpfen Hinterzimmerpolitik noch nicht vorbei ist. Wann lernen die Menschen mal, dass selbst Kommunalpolitik auch ehrlich zugehen muss – zum Wohle der Demokratie.

Pünktlich zum BVB-Spiel im Guiseppe-Meazza-Stadion zu Mailand bin ich zurück in Zimmer 401. Irgendwie kann ich auf dem Laptop das Spiel neumodisch streamen. Es lohnt sich – die Borussen gewinnen, eher unerwartet, gegen die ehemaligen Berlusconi-Kicker mit 1:3. Nebenbei werfe ich erste Blicke in die mitgenommene Literatursammlung. Am kommenden Samstag darf ich 6 ½ Stunden in der Filiale der führenden Buchhandlungskette für den guten Zweck (zum Welt-AIDS-Tag) aus ebendiesen Büchern vorlesen. Da ist es vorher schon schlau, wenn man sich etwas mit den Texten beschäftigt. Die Textarbeit lässt sich ganz gut in dem roten

XIV / CAMPUSHOTEL

Ledersessel angehen – wobei hier eine Leselampe noch das I-Tüpfelchen wäre.

Vor der Bettruhe gönne ich mir noch eine nächtliche Dusche ... und werde dann bestimmt vom nächsten Baumarktbesuch träumen.

Die Nacht ist gut, obwohl ich, dank der Zeit ›rund um den Vollmond‹, etwas schlecht in den Schlaf finde. Es schläft sich zumindest sehr gut in dem Doppelbett während draußen die Winterfee weiter zaubert. Jaja ... sieht manchmal ganz schön aus, aber die Dame macht sich keine Gedanken, wie ich bei gleichen Wetterverhältnissen morgen ins Paderborner Land gelangen soll. Die Bahn ist ja aktuell keine passable Alternative.

Treffe mich zum Frühstück mit der Ex-Freundin, die heute ihren Geburtstag feiert. Wir starten daher mit einem Pikkolöchen zum Kaffee. In dem Buffetraum ist es nicht die einzige Geburtstags-›Gesellschaft‹, die sich dort zum Frühstück verabredet hat. Angerichtet ist ein typisches Frühstücksbuffet, mit einer reichhaltigen Auswahl an frischen und abgepackten Lebensmitteln. Bemerkenswert ist vielleicht die reichhaltige Brotauswahl, die auf den Betreiber, die bereits benannte Bäckerei, zurückzuführen ist. Es herrscht bundesdeutsche Gemütlichkeit – gepaart mit Wandtattoos zu Hagener Orten und Stadtteilen.

Während die Ex den weiteren Tagesverlauf zur Arbeit nutzt, kehre ich zurück in Zimmer 401 und starte meinen Dienst: mit einigen beruflichen Telefonaten

XIV / CAMPUSHOTEL

(3 Anrufbeantworter bei 4 Anrufen) und dem Querlesen von Weihnachtstexten und zur skandalumwobenen ›Teepflückerin‹, die sich in unmittelbarer Nähe zum *Campushotel* befindet. Frage bei meinem alten Kumpel MaMu nach, wo sich das verhangene Kunstwerk auf dem Gelände der Fern-Universität befindet. Er klärt mich auf, dass es sie gar nicht gibt – sondern nur das Buntglasfenster vom Hagener Künstler Hans Slavos mit dem Namen ›Kaffeepflückerin‹. Werde also gleich zu Haus 3 auf dem Campus der heimischen Fern-Uni spazieren – wenn die Schneekönigin es zulässt.

Sie scheint eine nachmittägliche Gnade walten zu lassen, sodass ich mich gegen 15:00 Uhr auf den Weg mache – nachdem ich die ersten sechs Kapitel einer 24-teiligen Weihnachtsgeschichte eingelesen habe. Das wird mein Adventskalender für die Familie und einige Freunde.

75 Minuten später sitze ich bereits wieder am Schreibtisch in Zimmer 401, gewärmt von einer Tasse frischem Ingwer-Minz-Tee, den es in dem uniinternen Café der Familie Dickhut gibt – direkt vor dem Slavos-Fensterbild. Mir ist die Milchglasverhüllung nicht ganz einsichtig und aus meinem Kunstverständnis eher falsch. Vielleicht dient die Diskussion ja dazu, dass mehr Gäste zu dem Café strömen, welches eine Schulfreundin meiner Tochter kürzlich mit ihrer Schwester (wieder-)eröffnet hat. Möge der Gastronachwuchs dort erfolgreich sein.

Das Café schließt allerdings um 16 Uhr bereits wieder, sodass ich mich mit dem ausgewählten Buch zur samstäglichen Lesevorbereitung zurück in den roten

XIV / CAMPUSHOTEL

Sessel begebe. Greife da zum nächsten Exemplar und bin sehr angetan. Die Geschichte von ›Leonard und Paul‹ von Rónán Hession ist eine Empfehlung der Buchhändlerin und überzeugt mich bereits in den ersten Kapiteln. Wenn nicht der Lesestapel in Zimmer 401 (und zuhause) derzeit so unfassbar hoch wäre.

    Zweiter Abend, zweites Restaurant in der Umgebung. Früher war das *Haus Waldfrieden* eher eine Auftrittsmöglichkeit für heimische Rockbands. Irgendwann in den Anfängen sind auch die extrabreiten Helden der Heimatstadt hier aufgetreten. Konzerte gibt es weiterhin – aber zuvorderst hat hier der griechische Landsmann Theodoros Kourtoglou das Ruder in die Hand genommen und ein charmantes Restaurant etabliert. Das Interieur lässt eher Schlimmes vermuten und doch ist es eine kleine kulinarische Oase, die man gerne mal besuchen kann – wenn das Leben nicht nur aus Chichi bestehen soll. Und in der Nachbarschaft geht man wohl auch einen Wettkampf um die beste Gulaschsuppe ein: könnte gar nicht sagen, welche nun leckerer war. Auf jeden Fall waren beide Suppen keine Dosenfertigprodukte ... und das ist gut so!

    Am Tresen vom *Waldfrieden* steht Dirk Guth, der die Bühne des Hauses kennt und in den vergangenen Jahren mehrfach dafür gesorgt hat, dass mit *Latin Quarter* eine renommierte Band aus Großbritannien zum Ende ihrer Deutschland-Tourneen ein, eher unerwartetes, Gastspiel in Hagen gaben – und vielleicht auch mal wieder geben werden. Meine musikalische Empfehlung dieses Aufenthaltes.

XIV / CAMPUSHOTEL

Wem die Musik dann nicht zusagt, kann sich beim Wirt ja einen der hervorragenden Ouzo bestellen. Komme übrigens mit meiner Begleitung nicht überein, wie man Ouzo trinken soll: kippt oder nippt man? Der Hausherr kippt das Pinnchen – ich finde, der muss es wissen. Betreiber von griechischen Gastrobetrieben in dem eingemeindeten Vorort Hohenlimburg, bevorzugen wohl das Nippen! Gibt es regionale Unterschiede beim richtigen Ouzo-Genuss?

Im *Campushotel* soll ein alter Bekannter mit griechischen Wurzeln als Haustechniker aushelfen – leider ist der, bei der fußläufigen Rückkehr ins Hotel, nicht im Haus, um eine umgehende Antwort zu geben ... und einen Schluck von dem Ouzo-Nektar, den er schon früher immer feilbot.

Zwischen dem Hotel und dem Restaurant liegen 400 Meter Fußweg. Frage mich, ab wann man eigentlich (falls der Ouzo-Genuss eskaliert) ein Taxi bestellen kann / darf? Sofort fallen mir wieder die *Weather Girls* ein ...

Ohne eskalierten Alkoholkonsum kehre ich frühzeitig zurück ins Zimmer 401. Auf den Parkplätzen rund um das *Campushotel* kann man an den Autokennzeichen erkennen, dass das Haus sehr gut frequentiert wird. Es ist erstaunlich, wie hoch die Bettenauslastung in der kleinen Großstadt am Rande des Ruhrgebietes ist. Der erweiterte Neubau am *Campushotel* wird berechtigt gewesen sein. Und es schläft sich auch ausgesprochen gut – und, trotz der zentralen Lage, enorm ruhig.

XIV / CAMPUSHOTEL

Der Mondstand sorgt auch in der zweiten Hotelnacht dafür, dass ich nur bedingt gut einschlafe. Stehe mit dem Weckerklingeln um 08:00 Uhr auf, lese die Tageszeitung, nehme eine Dusche, frühstücke und schreibe die letzten Zeilen zu diesem Bericht. Im Frühstücksraum wurde mir nochmal das Klientel des Hauses bewusst – einige Studierende, die doch mal zur Fern-Uni müssen, die Dozenten und etliche Handwerker und Handlungsreisende. Erstaunlich, dass der Frühstücksraum um 09:30 Uhr noch so stark frequentiert ist. Entdecke auf dem Weg zum Zimmer 401 im Treppenhaus noch zwei weitere, wesentlich größere, weiße Deko-Sterne. Es ist die jahreszeitliche Ergänzung zu dem Kunstinventar des Hauses, welches mit der Objekt- und Bildauswahl im Foyer an eine moderne Arztpraxis oder Kanzlei erinnert. Schlussendlich fügt sich das Interieur des *Campushotels* somit in die Umgebung an der Feithstraße an, wo in den letzten Jahren Wirtschaftsprüfer, Rechtsanwälte und Zahnärzte ihre Neubauheimat gefunden haben. Checke vor 11:00 Uhr mit einem Schmunzeln aus – und hoffe, den schwedisch-bayrischen Familienzweig nicht erst zur nächsten Beerdigung hier begrüßen zu dürfen.

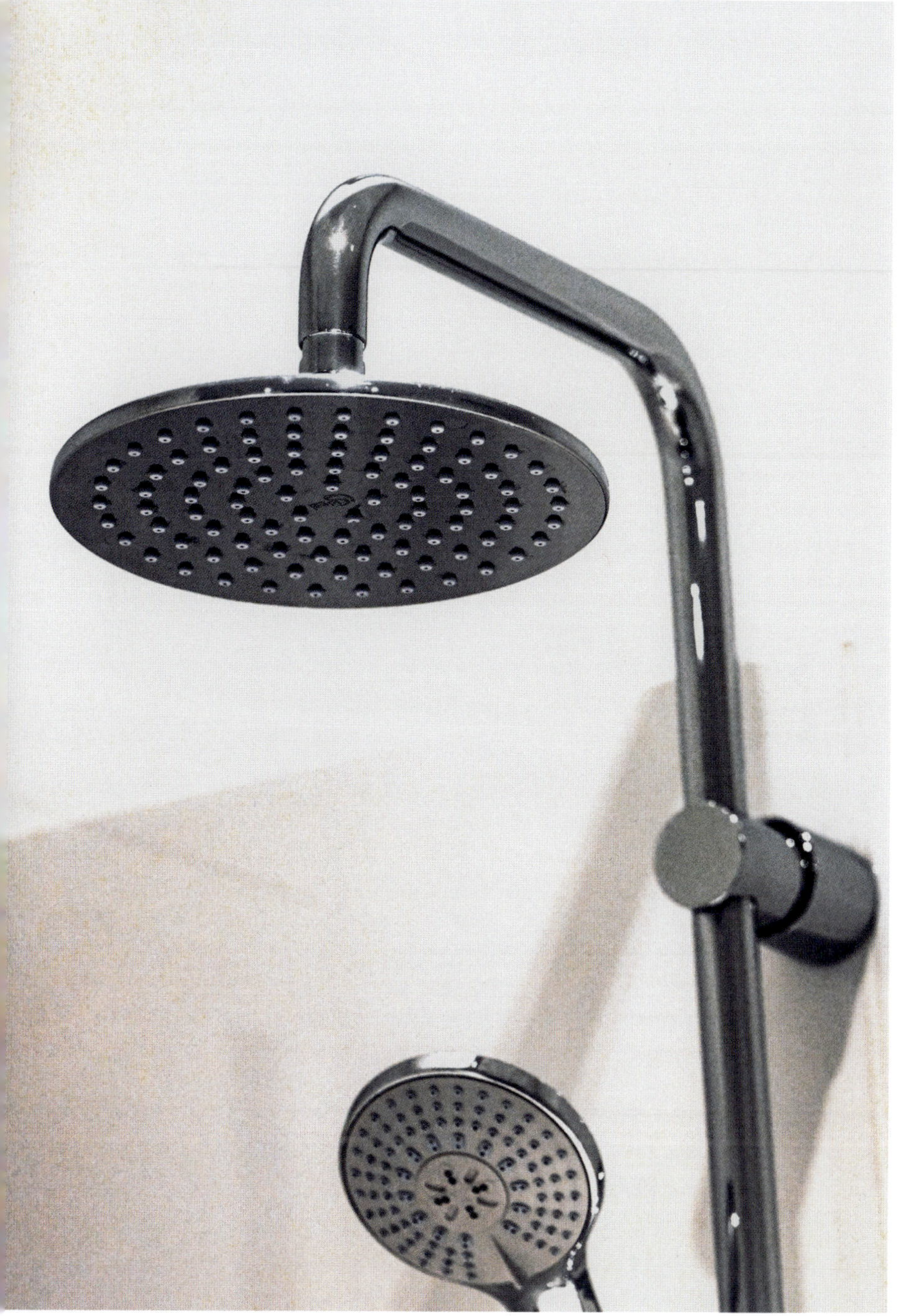

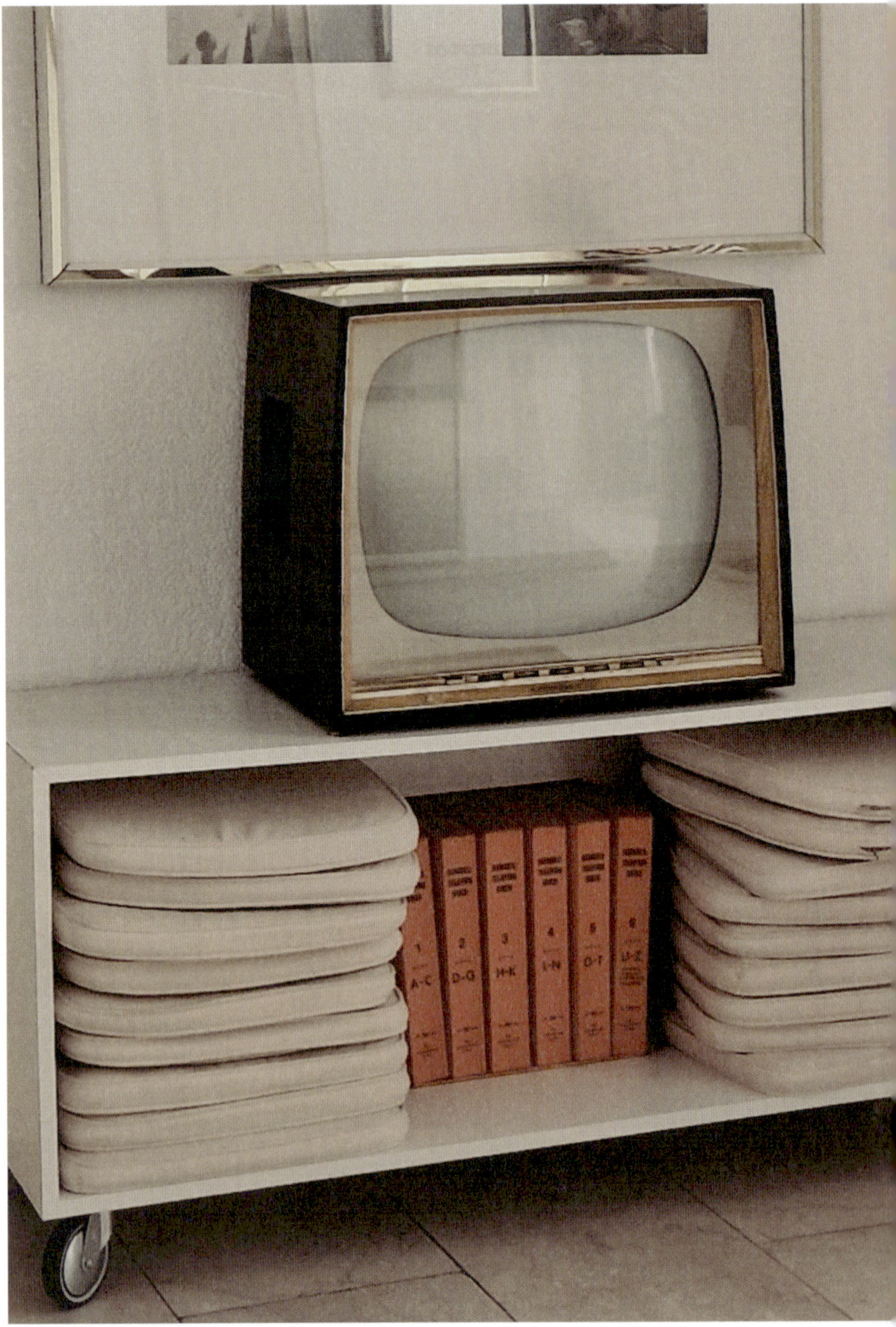

XV / HOTEL SCHMIDT
12.12. bis 14.12.2023

Fahre bereits etwas wehmütig in die Selbecke. Mit *Hotel Schmidt* besuche ich bereits das vorletzte Hotel in meinem Projekt – und definitiv das letzte im Jahr 2023. Werde bereits bei meiner Ankunft mit Namen begrüßt und bin darüber angenehm irritiert. Der Hausherr weist mir Zimmer 35 zu. Hier zieht die verräterische Zimmernummer nicht – Zimmer 35 liegt im Erdgeschoss. Mit dem neumodischen Steckschlüsselsystem fremdle ich anfangs und benötige etwas Hilfe vom freundlichen Rezeptionisten. Hinter der Tür empfängt mich ein gepflegtes Doppelzimmer. Eher Standard und klein – aber charmant und (wie es sich für die Hotels meiner Heimatstadt durchgängig bewiesen hat) sauber. Vom Flur mit Garderobe und Kleiderschrank geht das Badezimmer ab. Im Schlafraum finde ich den notwendigen Schreibtisch vor. Alles da, was ich für die kommenden zwei Nächte benötige.

Auf dem Bett liegend (ich habe die Fensterseite gewählt) führe ich notwendige Diensttelefonate und beende den Telefonreigen mit einem Gespräch mit der jungen Dame, die sich anschickt, diesen Text zu lektorieren. Wir kommen ins Geschäft und freuen uns beide, dass wir mit diesem Projekt Neuland erkunden. Sie ist die erste, mir fremde, Person die den Text liest und diesen sehr lesbar und amüsant findet. Man

XV / HOTEL SCHMIDT

scheint meinem Schreibstil folgen zu können – was mich sehr freut. Muss mich dann, nach den ersten Zeilen des Tages, sputen, um noch pünktlich zum Abendessen zu kommen. Von 18:00 Uhr bis 21:00 Uhr ist die Küche im *Hotel Schmidt* geöffnet. Leider bin ich der einzige Gast zu dieser Zeit. Wieso werden Hotelrestaurants so selten als gastronomisches Angebot wahrgenommen? Allein die Kürbiscremesuppe ist durchaus einen Besuch hier wert.

Frederic Schmidt führt das Familienunternehmen in der dritten Generation – obwohl er noch lieber bei seiner Lebensgefährtin und den gemeinsamen Kindern in Berlin weilen würde. Der Hausherr gibt mir einen Einblick in die Geschichte des *Hotel Schmidt* und erzählt mir auch noch einmal von dem Mord, der hier vor etlichen Jahren passierte. Ein Drama, bei dem die Nachbarschaft und Öffentlichkeit natürlich viel mehr Interna kannten, als die betroffene Familie. Während des Gespräches gesellt sich noch der Onkel hinzu. Zu dritt kommen wir ins Plauschen – über den Wandel der Jahrzehnte in unserer gemeinsamen Heimatstadt. Mir wird das Gästebuch gezeigt, welches in den 70ern und 80ern des vergangenen Jahrhunderts bestens geführt wurde: neben dem Generalkonsul von Haiti in Hamburg, etlichen Basket-, Volley- und HandballerInnen, bleiben mir vor allem Heino und Hannelore, die *Wildecker Herzbuben*, Drafi Deutscher und Suzi Quatro in Erinnerung. Erstmals schlafe ich in einem Hotel in dem auch *Pur* genächtigt hat. Es ist ein wahres Abenteuerland.

XV / HOTEL SCHMIDT

Musikalisch gewinnt mich das *Hotel Schmidt* allerdings mit seiner Weihnachtsdeko im Gastraum. Dort steht, neben den üblichen Früher-war-mehr-Lametta-Staubfängern ein Plattencover: ›Christmas Dancing‹ von James Last. Mein Streamingdienst hat es im Programm. Zurück auf Zimmer 35 fehlen mir Salzstangen, Bowle und der Mettigel zum Bier. James Last swingt sogar bei den Weihnachtsklassikern und irgendwie hat man immer das Gefühl, dass gleich das ›Traumschiff‹ in See sticht. Schöne, heile Welt.

Das *Hotel Schmidt* beherbergt in erster Linie Monteure und Geschäftsreisende. Manchmal kommen noch Sportvereine, die gleich mal eine größere Zimmermenge buchen. Und bis zu siebenmal im Jahr mietet sich die Feuerwehr im Haus ein. Auf dem Weg zum Innendienst machen die Brandabwehrer Halt in Hagen und bilden sich hier fort – mit der Übernachtung in der Selbecke. Die Zimmernachfrage teilt sich die Familie Schmidt mit den Kollegen vom *Hotel Auf dem Kamp*. So geht ein nachbarschaftliches Miteinander im Stadtteil.

Das *Hotel Schmidt* liegt in unmittelbarer Nähe zum Freilichtmuseum im Mäckinger Bachtal. Viel profitiert man hier allerdings nicht vom überwiegenden Tagestourismus des Museums vom *Landschaftsverband Westfalen-Lippe*. Die Urlaubsreisenden nächtigen eher selten in der kleinen Großstadt am Rande des Ruhrgebietes, beziehungsweise in der Stadt, die sich mal ›Tor zum Sauerland‹ nannte.

Begleitet von James Last und seiner Interpretation der ›Petersburger Schlittenfahrt‹ rausche ich nun

XV / HOTEL SCHMIDT

in die erste Nacht an der Selbecker Straße. In meinen Upgrade-Zimmer 35 halten die Schallschutzfenster den Autoverkehr wirklich draußen. Es möge eine gute Nacht werden.

Frühstück gibt es im *Hotel Schmidt* zwischen 6:00 Uhr und 9:00 Uhr. Da ich, weckerlos, erst um Viertel nach acht wach werde, muss ich mich etwas sputen, um noch am Buffet in den Tag zu starten. Auch hier: alles da, was man erwartet und von der Interessenvertretung der bundesdeutschen Monteurszunft als notwendig zum kulinarischen Start in den Tag vorgegeben wird. Herr Schmidt unterbricht die Reinigung des Restaurants und bringt mir frisches Rührei in den Frühstücksraum. Seine Nachfrage, ob ich gut geschlafen habe, kann ich nur positiv bescheiden.

Während ich mich dem Frühstück hingebe, wird Zimmer 35 bereits wieder hergerichtet. Richtig verwohnt hatte ich es in der Nacht nicht – freue mich aber über die neuerliche Schokolade auf dem Nachtschränkchen.

Versuche auf meinem Tablet die Tageszeitung herunterzuladen und zu lesen. Irgendwie bleibt die Internetverbindung nicht ausreichend stabil – was vielleicht damit zu tun hat, dass der Router am anderen Ende des Flures, vor Zimmer 31, hängt. Die wichtigsten Nachrichten zur Schuldenbremseneinigung der Ampelkoalition und der Klimavereinbarung der *UN* in Dubai hatte ich ja bereits im Frühstücksraum über *WDR2* mitbekommen.

XV / HOTEL SCHMIDT

Um 10 Uhr habe ich meine ersten Erledigungen des Tages (Frühstück, Schreiberei, Weihnachtsgeschenkbeschäftigung und die übliche Körperhygiene) absolviert – und mache mich nun mal auf den Weg zur Klinik Ambrock, wo ich einen neuen Betreuten kennenlernen soll. Treffe dort auf die zuständige Sozialbetreuerin der Klinik – meine alte Kollegin Bettina Scheuerl. Mit ihr war ich mal in Frankfurt auf einem Konzert der *Spice Girls*. Die komplette Rückfahrt nutzte ich mit ihrem damals pubertierenden Sohn und dessen Freund, um angemessene Tötungsdelikte für David Beckham durchzudiskutieren – er war uns im Weg, in unserer Zuneigung zu ›Posh Spice‹.

Zwei Stunden dauert mein Einsatz in der Lungenfachklinik, die mich immer an eine ähnliche TV-Einrichtung aus dem Glottertal im Schwarzwald erinnert. Zurück im *Hotel Schmidt* streikt die Technik meines Zimmerschlüssels, sodass der Hausherr auf die althergebrachte Bartschlüsseloption wechselt. In Zimmer 35 kümmere ich mich um die morgige Lesung bei einer Seniorenweihnachtsfeier. Für ein halbstündiges Programm benötige ich einige amüsante, unterhaltsame Geschichten. Hoffe, diese bei Erich Kästner, Horst Evers und den SchreiberInnen der Hagener Autorengruppe *Tintenfass* zu finden. Stelle dabei fest, dass ich sogar einen Wintertext vom amtierenden Oberbürgermeister im Angebot hätte. Mal schauen, was ich in Haspe zum Vortrag bringe!

Mit der Linie 512 fahre ich zur Hagener Innenstadt. Gönne mir die Zeit für einen Stadtbummel und besuche zuerst das neue Atelier von Nuri Irak in der *VolmeGalerie* und streife durch das neue *Hagen-Forum*,

XV / HOTEL SCHMIDT

der bürgernahen Ansprechstelle der Stadtverwaltung. Mein Bummel gilt in erster Linie dem Weihnachtsmarkt, den ich mit einem belgischen Glühbier in *Ackermanns Icebar* begrüße. Hinter dem Tresen arbeitet meine frühere Schulfreundin Martina, die mit ihren Kontakten dafür sorgt, dass die *Icebar* auch ein winterlicher Treffpunkt für die Mitarbeiterschaft vom *theaterhagen* ist. Quer durch die Fußgängerzone ziehen sich die Marktstände, die dann für mich an jenem Hot-Dog-Stand auf dem Adolf-Nassau-Platz enden, welcher schon in einem Buch vom vermeintlichen Comedian Hennes Bender literarisch festgehalten wurde. Bender schrieb unverständlicherweise negativ über die kulinarische Errungenschaft von Krautsalat, Ketchup, Remoulade, Schmorzwiebeln, Brötchen und niederländischer Frikandel. Schlussendlich ist es purer Heimatgenuss – fast vergleichbar mit dem sagenumwobenen Pommesbrötchen. Noch schöner wäre der Weihnachtsmarkt, wenn es neben den notwendigen Genussständen auch qualitativ hochwertige Verkaufsstände für passable Präsente geben könnte. Seit Jahren hält sich hierzu nur eine begehbare Bude mit Leuchtmitteln jeglicher Art. Bitte mehr davon.

Mein Weg führt mich weiter zur jüngsten gastronomischen Neueröffnung meiner Heimatstadt. Das *Pottblümchen* ist nunmehr das Café am *Kunstquartier* und hat täglich von 10:00 Uhr bis 18:00 Uhr geöffnet. Fast alle Tische sind bei meiner Ankunft besetzt. Augescheinlich sind die HagenerInnen interessiert an dem Angebot von Javon Daumann, der bisher sein Geld als Basketballer bei Phoenix Hagen verdient hat. Interessant war auch das Gespräch der beiden älteren Damen am Nebentisch, die

XV / HOTEL SCHMIDT

einerseits dieses ›Kurt-Schumacher-Museum‹ als Gewinn für Hagen empfinden, aber der Meinung waren, dass seit dem *Folkwang*-Weggang nach Essen eigentlich keine vernünftige Ausstellung in Hagen mehr stattgefunden habe. Der Verkauf fand übrigens 1921 statt. Die Grazien einigten sich darauf, dass man wenigstens noch Hundertwasser und Rohlfs als sehenswert bewerten konnte. Denke, Kurt Schumacher dreht sich im Grabe um ... und Emil auch. Im Nebengebäude arbeitet meine Freundin Silvia, die meine Anwesenheit im Café dazu nutzt, um den Feierabend einzuläuten. Sie stellt mir den neuen Cafébetreiber vor und bestellt für uns zwei Café Americano – damit ich den lippenschmeichelnden Genuss aus den parisimportierten Kaffeetassen kennenlerne.

Silvia bringt mich in ihrem Auto zurück zum *Hotel Schmidt*, wo die Familie den 50. Geburtstag der Mutter feierte. Zu dem Zeitpunkt wurde das Haus wahrscheinlich noch von der zweiten Generation geführt. Immerhin feierten wir in diesem Jahr bereits den 50. Geburtstag der Tochter – in Paris. Wir hätten die Tassen für das *Pottblümchen* eigentlich im April dieses Jahres schon mitbringen können.

Zum Abendessen geht es in den *Rosengarten* – ein früheres Ausflugslokal der Eilper Bevölkerung, welches wahrscheinlich mittlerweile auch der bereits erwähnten kroatischen Gastrogesellschaft zuzuschreiben ist. Es gibt den erwartet, fairen Grillteller und einen warmen Slivovica. Beim Rausgehen treffe ich das, mir bekannte, Ehepaar Urban und berichte vom Hotel-Jahresprojekt. Werde umgehend in ihre Ferien-

XV / HOTEL SCHMIDT

wohnung (*www.freilichtblick.de*) eingeladen - um auch über diese Übernachtungsmöglichkeit zu schreiben. Vielleicht ein Vorhaben für 2025!?

    Mit meiner Lebensgefährtin kehre ich zurück ins *Hotel Schmidt*, wo wir am Tresen im gut besuchten Restaurant (die Damen des TV Selbecke zelebrieren ihren Weihnachtsabend) ein Abschlussgetränk einnehmen. Am Nebentisch sitzen die Monteursstammgäste bei Pils und *Doornkaat* - und leben ihre Welt der unterdrückten, weißen Männer aus. Die sexualisierte Welt der Latzhosenträger ist nicht mehr wirklich zeitgemäß. Liegt aber wahrscheinlich nur am *Doornkaat* ...

    Im Tresengespräch mit dem Hausherrn fällt mir eine Anekdote vom gestrigen Abend ein. Wir sprachen über den fehlenden Tourismus zwischen Ruhrgebiet und Sauerland. Wenn dann aber doch mal ein Reisender am Hauptbahnhof landet und die Taxifahrer um eine Hotelempfehlung bittet, so wird gerne auf das *Arcadeon* oder das hiesige *Hotel Schmidt* verwiesen. Merkwürdigerweise jene Häuser, die am weitesten vom Bahnhof entfernt liegen. Bin ich eigentlich der Letzte, der an das Gute in der Menschheit glaubt?

    Nach einem späten, weihnachtlichen Bratapfeldessert, für die Frau an meiner Seite, geht es zur zweiten Nacht ins Zimmer 35.

    Um 07:00 Uhr geht der Wecker und dreißig Minuten später sitzen wir am Frühstückstisch. Es folgt sogar noch eine kleine Truppe Monteure, die wohl erst zur Spätschicht anfangen müssen. Es sei ihnen gegönnt. Einige mich mit Herrn Schmidt darauf, dass ich

XV / HOTEL SCHMIDT

spätestens um 11:00 Uhr auschecke und gehe zurück ins Erdgeschosszimmer 35, wo ich diesen Bericht beende, eine Kurzgeschichte zur Schließung meiner Stammbar fertigstelle und meinen Reha-Antrag ausfülle. Danach geht es zurück in den Alltag und im Januar 2024 zum letzten Hotel meiner Tour – dem *Arcadeon*.

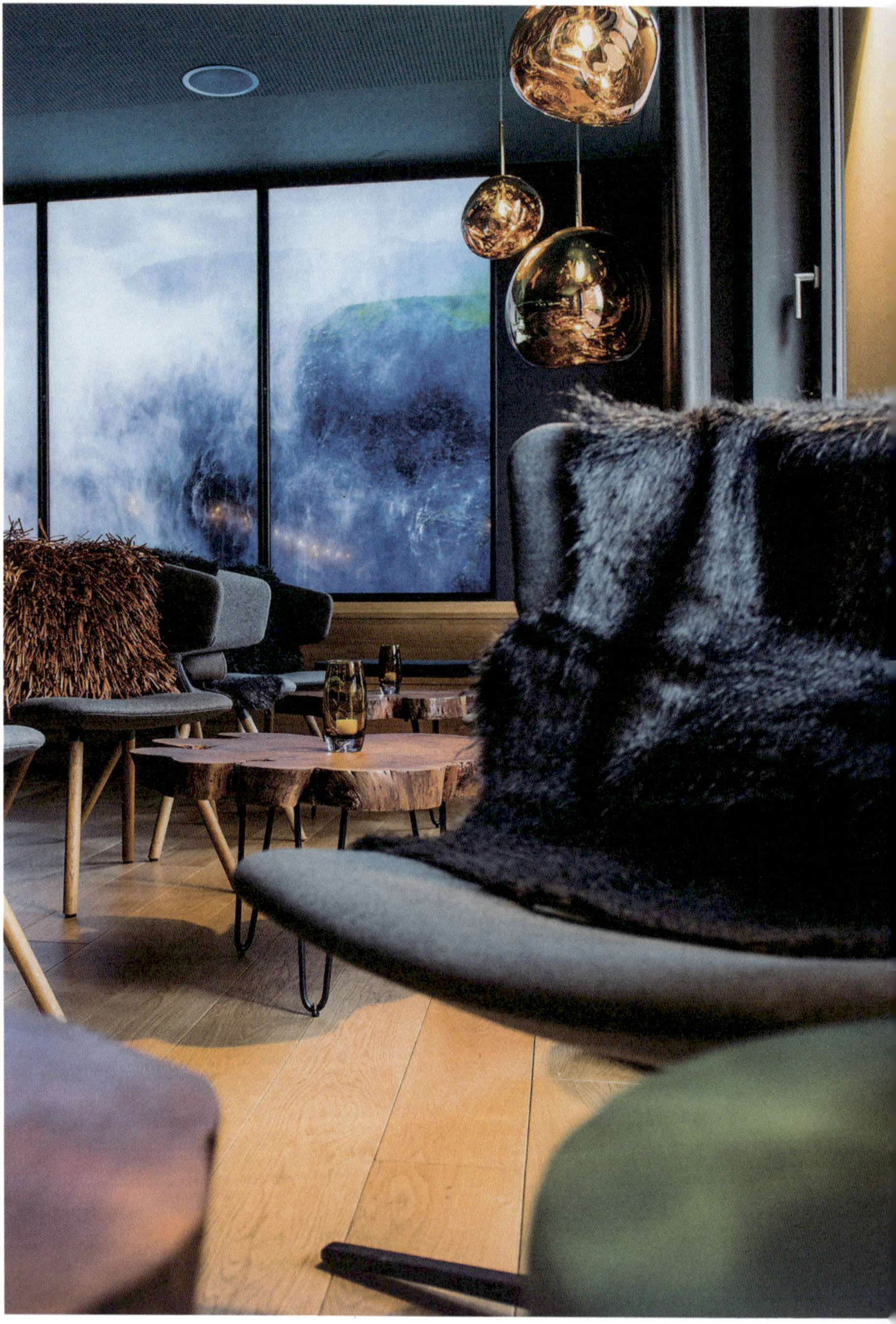

XVI / ARCADEON
09.01. bis 11.01.2024

Werde bei meiner Ankunft direkt zweimal von Frau Straub, der Empfangsleitung, begrüßt. Zuerst persönlich beim Check-In um 16:15 Uhr und vier Minuten später finde ich im zugewiesenen Zimmer 215 einen kleinen, persönlichen Willkommensgruß auf dem Schreibtisch. Ein persönlicher, namentlich angeredeter, Willkommensgruß im Druckformat hat schon seinen Reiz. Auf mich wirkt es besonders und nicht so automatisiert, wie die Begrüßungen auf dem TV- und Infotainmentbildschirmen in vermeintlichen Businesshäusern. Wobei das *Arcadeon* ja das heimische Vorzeigehaus für Geschäftsleute und Tagungsgruppen ist. Das heimische? Deutschlandweit gehört es zu den führenden Häusern in diesem Sektor – und versprüht dabei jede Menge Lokalverbundenheit. Wenn die Bar und der Speiseraum nach den großen Berühmtheiten Schumacher (Kurt, oder?) und Osthaus benannt werden, kann man durchaus eine Identifikation mit der Heimatstadt unterstellen.

2022 hatte ich mich bereits schon einmal im *Arcadeon* einquartiert. Damals arbeitete ich an einem Konzept für eine musikalische Lesung zum Werk und Leben von Leonard Cohen. Ganz abgeschlossen ist das Konzept noch nicht, aber mit den ›LebensLiedern‹, die ich gemeinsam mit dem Komplizen Björn Nonnweiler auf die Bühne bringe, gibt es ein produktives Ergebnis meines ersten Aufenthaltes aus dem Haus im Stadtteil

XVI / ARCADEON

Halden. Was das Cohen-Projekt angeht: da bleibe ich dran ... obwohl ich zwischenzeitlich bereits in Manhattan und Berlin weilte!

Es ist nach 52 Wochen mein 16. Hotelaufenthalt in Hagen. Am Bahnhof baut die B&B-Kette bereits das 17. Haus, welches aber nicht mehr in meinem Jahresprojekt Berücksichtigung finden wird. Das *Arcadeon* ist wahrscheinlich jenes Haus, welches ich in Hagen vor dem Tourbesuch bereits am ehesten kannte. Zuletzt war ich mit Freunden und Familie am ersten Weihnachtsfeiertag 2023 hier – zum Essen. Es ist vielleicht die Crux aller Hotels in Hagen, die über ein gastronomisches Portfolio verfügen. Die Menschen aus der Stadt kommen nicht zwangsläufig darauf, die Bars und Restaurants der Hotels zu besuchen. Das *Emils* und das *Karls* laden ausdrücklich dazu ein. Gerade, wenn man mal das schöne Leben an einer Hotelbar kennenlernen möchte, ist man hier ebenso gut aufgehoben wie im *SAXX*-Hotel. In beiden Häusern findet das Fachpersonal auch sehr zeitnah einen Korkenzieher ...

Mir gefällt allerdings der Abend in der *Arcadeon*-Gastronomie. Augenscheinlich wird in dem großen Speisesaal der Boden hergerichtet, sodass der Gästeschaft ein Tagungsraum und das *Emils*, die Hotelbar, zur Verfügung stehen. Die Plätze in der Bar sind gut gefüllt – jedoch lädt mich das Personal, welches mich durchgehend mit meinem Namen anspricht (!?) dazu ein, mich am großen Stammtisch zu platzieren. Es folgen drei Stunden Genuss – mit Aperitif, guter Küche, gutem Wein – und der Muße, an zwei Konzepten zu arbeiten und das Florian-Illies-Buch ›Zauber der Stille‹ zu beginnen.

XVI / ARCADEON

Seit einer Woche befindet sich nicht nur mein Heimatland im Casper-David-Friedrich-Jahr. 250 Jahre nach seiner Geburt, widmet ihm der ZEIT-Mit-Herausgeber Illies eine literarische Hommage, die mich bereits auf den ersten 50 Seiten sehr anspricht. Zum Monatsende reise ich nach Hamburg – auch, um mir dort eine CDF-Ausstellung anzusehen.

Arbeite nebenbei am Konzept für einen möglichen Sommerabend auf dem Gelände des *Arcadeons*: könnte mir hier wunderbar den ›Soirée Des Messieurs Protégés‹ vorstellen, den Abend für die wohlbehüteten Herren – eine Sommernacht – mit cooler Musik, Whiskey-Verköstigung, adäquaten Tabakwaren und der Möglichkeit, sich mit der würdigen Kopfbedeckung vertraut zu machen. Die Idee reift schon seit Jahren und findet gerade einen neuen Entwicklungsstand. Mal sehen, was die Hausleitung davon hält. Immerhin konnte ich im Vorjahr das Ehepaar Bachmann, welches das *Arcadeon* seit 25 Jahren leitet, bereits mit einem Konzeptgedanken überzeugen. Aus meinem Literaturimpuls wuchs eine lokale Zusammenarbeit mit der Buchhandlung *Thalia*, die eine erste Lesung mit dem charmanten britisch-amerikanisch-französischen Schriftsteller Martin Walker im Herbst 2023 nach sich zog. Im kommenden Sommer findet die nächste Veranstaltung von ›*Arcadeon* trifft *Thalia*‹ hier im Haus statt. Schön, wenn zwei heimische Institutionen sich im Kulturleben der Stadt gemeinsam engagieren. Da kann es nur Gewinner geben.

Bevor ich in Zimmer 215 zu Bett gehen werde, kommuniziere ich noch mit der heimischen Presse, um

XVI / ARCADEON

denen das Ende der Hoteltour zum Thema ›Sei Gast in der eigenen Stadt‹ mitzuteilen. Es wird in den kommenden Tagen darum gehen, wie die vielen Seiten veröffentlicht werden können — als Mosaikstein mit Symbolkraft für ein lebens- und liebenswertes Hagen.

Während ich über dem Laptop sitze, höre ich aus Zimmer 214 die Geräuschkulisse des Pärchens, das sich wohl das Doppelzimmer zur Rechten teilt. Es sind nicht jene Töne, die man im Hotel aus dem Nebenzimmer erwartet. Tür an Tür scheint eine Erkältungswelle vorzuherrschen. Dennoch fühle ich mich mal wieder an meinen deutschen Lieblingssänger Klaus Hoffmann erinnert:

... ich kreise und verliere mich
in deinem Bild, das mir so gut gefällt
durchs Fenster knallt ein Mond herein
ich liege hier mit mir allein
und träume mir 'ne selbstgemalte Welt
und nebenan da (husten) sich zwei Engel (an)
und flattern einmal übern Horizont
dieselbe Sehnsucht
unterm gleichen Himmel
und über aller Liebe wacht der Mond ...

Hauptsache, die stecken mich nicht an. Ansonsten wünsche ich den Beiden eine gute Besserung — und mir eine erste gute Nacht.

Es hat geklappt. Es schläft sich gut im *Arcadeon*, was eventuell auch an der Auswahl des möglichen Traumkissens liegen mag. Man bekommt hier ein wahres

Kopfkissen-Menü zur Auswahl. Weckerlos aufgewacht und frisch geduscht bin ich gegen kurz vor 09:00 Uhr im Frühstücksraum. Den Sekt lasse ich links liegen und nehme stattdessen eine Scheibe vom frischen Graubrot, welche ich mit Rührei belege. Dazu gönne ich mir eine kleine Flasche vom schwarzen Johannisbeersaft und natürlich ausreichend Kaffee. Zur Freude meiner Ökotrophologin nehme ich noch einen Quark, den ich mit Haferflocken anreichere. Die fünf Nürnberger und das kleine Plunderteilchen werde ich ihr höchstens auf Nachfrage offerieren.

Zurück in Zimmer 215 strukturiere ich den Tag und führe ein paar dienstliche Telefonate. Bei einer Betreuten wird ein Herzinfarkt diagnostiziert und bei einem Betreuten eine Leberzirrhose. Derweil schaue ich aus dem Fenster, verspüre die Kälte des Tages und freue mich über die endlich aufgetauchte Sonne. Das Leben kann nicht immer nur schön sein – man sollte aber die Glücksmomente erkennen und genießen. Das geht auch in Hagen. Jederzeit.

Zwischenzeitlich nehme ich mit dem ersten Verlag Kontakt auf und bespreche die Kosten für eine mögliche Veröffentlichung. Außerdem telefoniere ich mit der Fotografin Heike Wippermann, die das Projekt begleiten könnte ... und möchte. Anhand meines Textes, wird sie die Häuser auch noch einmal besuchen und das Flair mit der Kamera einfangen. Somit wird es zu einem gemeinsamen Text-Foto-Projekt – für unsere Heimatstadt.

Noch vor dem Mittag verlasse ich das *Arcadeon* und nehme den Bus in die Innenstadt. *Radio Hagen* wird erneut über die Entwicklung meiner Hoteltour berichten. Plausche mit Robin Hiermer zum zweiten Mal über das Projekt. Er macht daraus einen 15minütigen Podcast-Beitrag, der schon im Internet zu finden ist, als ich zurück im *Arcadeon* bin. Zeitlich mag das an der Mittagspause in der nahegelegenen *La Trattoria* liegen. Die preishochwertige, italienische Gastronomie in der ehemaligen *Kupferkanne* ist nur gefühlte drei Minuten Fußweg vom *Arcadeon* entfernt. Nehme anschließend im *Emilo* auf einen Kaffee Platz und finde die Möglichkeit, mich mit Claudia und Jörg Bachmann auszutauschen. Das Hotel-Ehepaar lebt für das Haus, welches aus Betrachtung eines ehemaligen Gastes, doch etwas sehr weit im Wald liegt!? Persönlich würde ich die hübsche Parkanlage am Rande eines alten Industriegebietes, die zusätzlich mit altem Baumbestand auf dem Parkplatz ausgestattet ist, nicht als sehr waldlastig beschreiben – aber vielleicht hatte der Herr seine (eigentlich positive) Internetbewertung auch zwischen *Emils*-Abend und Bettruhe verfasst. Jörg Bachmann sorgt auch für einen Lernprozess bei mir: die Räume im ausgezeichneten Tagungshotel sind seit jeher nach Klöstern benannt worden. Klöster gelten als Wiegen der Wissenschaft, Weiterbildung und Erholung – und das *Arcadeon* führt diese Werte traditionell fort ... nur ohne den vordergründigen christlichen Beiklang. Bringe in dem Gespräch meinen Gedanken zum ›Soirée Des Messieurs Protégés‹ an, welchen wir beizeiten weiterdenken werden. Konzeptionell ist heute ein sehr ereignisreicher Tag. Erhole mich auf Zimmer 215 von den Strapazen des Nachmittages und höre mir dabei den Podcast an. Bin sehr zufrieden – auch mit dem Foto, welches von mir im Funkhaus gemacht wurde.

XVI / ARCADEON

Zum Abendessen kommt jener Kumpel vorbei, der in diesem Jahr bereits häufiger Besuche in den Hotels gemacht hat. Wir werden auch über das Projekt reden – und den Grund, warum man sich immer wieder für die Heimatstadt engagieren sollte. Ebenfalls hat sich die komplette Mannschaft der Eintracht-Hagen-Handballer im *Arcadeon* angemeldet. Sie werden, gemeinsam mit den Hotel-Gästen, das Eröffnungsspiel der Handballeuropameisterschaft auf den vier Großmonitoren im *Emils* verfolgen. Der Besuch der Mannschaft zeigt, dass das *Arcadeon* sehr gut in der Hagener Bevölkerung angekommen ist. Eine Akzeptanz, die man prinzipiell auch den weiteren Häusern von den heimischen BürgerInnen wünschen würde. Deutschland gewinnt gegen die Schweiz deutlich und augenscheinlich war ich der einzige Gast, der mal so überhaupt keine Kenntnis vom Handballsport hat. Selbst mein Kumpel hat mal zwei Jahre gespielt – in Halden-Herbeck. Also direkt vor der Haustür vom *Arcadeon* – welches es aber damals noch gar nicht gab.

Auch wenn ich selber mal Sponsor und Dauerkartenbesitzer bei Phoenix Hagen (bzw. den Vorgängervereinen) war, so schlägt mein persönliches Herz mittlerweile mehr für die heimische Kulturlandschaft. Beim Gespräch am Nachmittag mit dem Ehepaar Bachmann kamen wir auf den Sound des Hauses – der wohl eindeutig dem Jazz gehört. Jörg Bachmann präzisiert sogar, dass es der Freestylejazz ist – mit vielen Freiheiten für die einzelnen Virtuosen und dem Bild für die große melodische Gemeinsamkeit. Mir gefällt diese Beschreibung.

XVI / ARCADEON

Meinen lokalen Kulturteil finde ich diesmal im Internet. Am vergangenen Wochenende gab es in der *Wippermann-Passage* eine Vernissage zu den verstorbenen Mitgliedern der Künstlergemeinschaft *Hagenring*, die 2024 ihren 100. Geburtstag mit verschiedenen Aktionen und Ausstellungen begeht. Schaue mir den Imagefilm zum Jubiläum an, der im Netz hinterlegt ist – und freue mich, dass Hagen nicht nur eine Auswahl von Hotels hat, sondern auch eine Vielzahl an unterschiedlichen KünstlerInnen. Soll niemand sagen, dass es nicht lebenswert ist in dieser, oftmals kritisierten, Stadt.

Anschließend geht es in die zweite *Arcadeon*-Nacht – mit dem gleichen Kissen aus dem Menü. Getreu dem Motto: never change a sleeping team.
Es wird dann die letzte Nacht in diesem Hagener Hotelprojekt sein.

Zum Frühstück gesellt sich noch einmal die Hausherrin an meinen Tisch. Dabei erfahre ich etwas über die Trägergesellschaft, die sich im Laufe der Jahre verändert hat und über die andere Spezialisierung des *Arcadeons*. Es ist nicht nur ein Hagener Hotel, in dem mittlerweile für heimische Familien jegliche Feierlichkeiten (Taufe, Kommunion / Konfirmation, Hochzeit, Geburtstage, Beerdigung) abgehalten werden, sondern ein bundesweit beachteter, exzellenter Lernort. Ein Seminarhaus – auf dem aktuellsten Stand der technischen und gruppendynamischen Möglichkeiten. Somit ist das *Arcadeon* auch ein beliebter Ort für Unternehmen, die ihre Mitarbeiterschaft schulen wollen – oder mit ihnen feiern. Ein idyllischer Ort in Hagen – der nicht im Wald liegt.

Zurück auf Zimmer 215 schreibe ich die letzten Zeilen und packe die kleine Reisetasche. Es ist übrigens ein gelbes Zimmer – was im Farbkonzept des Hauses für Optimismus und Freude steht.

Mit diesen Wesenszügen beende ich meine heimische Hoteltour – nach 50 Wochen und 32 Übernachtungen: es war eine große Freude, die mich in dem Optimismus bestärkt, in einer Stadt zu leben, die wesentlich besser als ihr Ruf ist.

Gipfelkreuz Hagen

RÜCKBLICKENDES FAZIT
12.01.2024

Es ist der 12. Januar 2024, der Tag nach dem offiziellen Ende meiner Hoteltour. Hatte mich unlängst gefragt, ob man den Ausführungen, die jeweils komplett bei den Besuchen geschrieben wurden, einen Nachtrag zu geben hat.

Am gestrigen Nachmittag beantwortete sich die Frage recht deutlich. Die heimische Tageszeitung möchte mit mir ein Interview machen – am liebsten an einer Hotelbar. Wir vereinbaren für die kommende Woche einen Termin an der Bar im *SAXX*-Hotel. Der Ort ist ausgesprochen schön und zentral gelegen. Telefonisch frage ich im *SAXX* nach, wann die Bar denn geöffnet hat – immerhin soll es auch noch ein hübsches (soweit beim Model möglich) Pressefoto geben. Würde das gerne mit dem Hotelmanager Simon Bruker abklären. Ihn hatte ich Ende Februar 2023 kennen- und schätzengelernt, als er mir sein Haus präsentierte und wir über die Innen- und Aussensicht von Hagen sprachen. Simon Bruker ist mittlerweile nicht mehr in Hagen tätig. Innerhalb von Sekunden wurde er damit für mich zum Sinnbild der Schnelllebigkeit in der Hotellerie und / oder Gastronomie. Zum Jahresende hat beispielsweise auch das wunderbare *Cave66* seine Türen abgeschlossen – jene wunderschöne, portugiesische Weinbar, von der ich Anfang Mai 2023 berichtet hatte.

RÜCKBLICKENDES FAZIT

Daraus folgert, dass meine heimische Hoteltour nur eine ganz persönliche Momentaufnahme sein kann. Zu dem Zeitpunkt des jeweiligen Besuches, habe ich jedes Haus in der Art wahrgenommen und mich meinen Erinnerungen und Wahrnehmungen hingegeben. An anderen Tagen, zu anderen Zeiten wäre es vielleicht völlig anders gekommen und niedergeschrieben worden.

Die Hotellandschaft in Hagen kann sich sehen lassen. Es gab kein Haus, welches ich völlig abwegig fand. Mir begegneten keine Ungeziefer, verdreckte Zimmer oder sonstige, unentschuldbare Zustände. Persönlich sagten mir einige Häuser mehr zu, was sich nicht unbedingt an der höheren Preiskategorie festmachen lässt.

Wäre ich ein Hotelkritiker, hätte ich vielleicht den einen oder anderen Verbesserungsvorschlag. Beispielsweise hatte ich Frau Stiplosek vom *Art Ambiente* vorgeschlagen, eine Verbindung zur Hagener Kulturszene aufzubauen. Wechselausstellungen von heimischen KünstlerInnen könnten dem Namen des Hauses sehr gerecht werden. Dem *Waldhotel Lemberg* würde ich wünschen, dass der Krieg in der Heimat rasch ein versöhnliches Ende findet und die Familie die Kraft findet, ihre Gastronomie wieder aufzubauen – und den großartigen Biergarten aktivieren zu können. Vielleicht schaut mein Kumpel dann auch mal wieder vorbei ...

Es wäre wunderbar, wenn die Hagener Bevölkerung das Angebot der heimischen Hotellerie frequentieren würde: mal ein Essen im *Reher Hof* oder im *Hotel Schmidt*, ein Cocktail im *SAXX* oder *Arcadeon* ... oder die Hoch-

RÜCKBLICKENDES FAZIT

zeitssuite im *Hotel Dresel* für einen erfrischenden Partnerschaftstaumel. Vielleicht beteiligen sich auch noch ein paar Hoteliers an den gemeinsamen Projekten ›Sei Gast in deiner eigenen Stadt‹ oder der ›Nacht der Hotelbar‹. Gerade das zweite Angebot würde ich gerne mit meinem Freundeskreis besuchen – natürlich bringen wir dann vorsichtshalber einen eigenen Korkenzieher mit. Wenn allerdings der fehlende Korkenzieher nach einem Jahr das einzige Wehmutströpfchen einer Tour ist, dann weiß man, dass es eigentlich keine wirklichen Probleme gab.

Die Informationen zu den Hotels findet man auf den üblichen Internetseiten, wo man auch die aktuellen Preise erfragen kann. Bei einer Reservierung kann man gerne mal anfragen, ob es denn noch einen Hagen-Rabatt gibt – getreu dem Motto: ›*Sei Gast in deiner eigenen Stadt*‹.

ZUSATZ

SOUNDTRACK

Der Versuch, jedem Haus einen passenden Sound zu verleihen. Es gab ganz unterschiedliche Gründe für die Wahl (nicht immer nur den persönlichen Geschmack):

- ›Ne Zovi Mama Doktora‹ (*Prljavo Kazaliste*)
- ›Summer of 69‹ (*The Cooltrane Quartet*)
- ›Beds are burning‹ (*Midnight Oil*)
- ›Walk On (Ukraine)‹ (*U2*)
- ›Enjoy the silence‹ (*Depeche Mode*)
- ›If I could turn back time‹ (*Cher*)
- ›It's raining men‹ (*Weather Girls*)
- ›Entre dos tierras‹ (*Heroes del Silencio*)
- ›Was wird aus Hannover‹ (*Thees Uhlmann*)
- ›Broken hearts for you & me‹ (*Trio*)
- ›The time of my life‹ (*B. Medley & J. Warnes*)
- ›Wilhelmsplatz‹ (*St. Kleinkrieg*)
- ›Zillertaler Hochzeitsmarsch‹ (*Die Schürzenjäger*)
- ›Mersey Tales‹ (*Latin Quarter*)
- ›Süßer die Glocken nie klingen‹ (*James Last*)
- ›Take Five‹ (*Jazzkantine*)

Spotify: ›Hagen. Hier liegen Sie richtig.‹

ZUSATZ

HAGENER KULTUR

In dem Buch geht es nicht nur um die Hotellandschaft, sondern nebenbei auch um das reichhaltige Kulturangebot von Hagen. Leider sind nicht alle Spielstätten an meinen Hoteltagen geöffnet gewesen – ansonsten hätte ich gerne noch das *theaterhagen*, das *Theater an der Volme* und andere Kultureinrichtungen besucht. Das wundervolle Kulturangebot ist vielleicht irgendwann für eine eigene Präsentation würdig!?

- ›Die stillen Trabanten‹, *Kino Babylon*
- ›The Banshees of Inisherin‹, *Kino Babylon*
- ›Die Fabelmans‹, *Cinestar Hagen*
- ›Alle sieben Wellen‹, Leseprobe
- ›40 Jahre Schwulcomix – Ralf König‹ (Lesung), *Stadtbücherei Hagen*
- ›Mann Mann Mann Frau Jahnke‹, *Stadthalle Hagen* (Gerburg Jahnke, Wilfried Schmickler, Fritz Eckenga und Stefan Stoppok)
- Museumsbesuch, *Kunstquartier Hagen*
- ›Muschelsalat – umsonst & draußen‹
- *Hohenhof* (Parkanlage)
- Moderationsplanung ›Zwischen Welten‹ mit S. Urban
- Fensterbild H. Slavos ›Kaffeeplückerin‹ (Fern-Uni)
- Hagener Weihnachtsmarkt
- ›100 Jahre *Hagenring* – Filmportrait‹ https://www.youtube.com/watch?v=PFQgPSJN8bo

ZUSATZ

RESTAURANTS und andere Gastrobetriebe

- *Akdeniz-Grill*
- *Bato-Sportbar*
- *Café Dickhut* (Fern-Uni)
- *Café Gegenüber*
- *Café Linnepe*
- *Cave 66*
- *Fratelli Pedicillo*
- *Haci Baba-Grill*
- *Haus Waldfrieden*
- *Kaisergarten*
- *Kötters Fritte*
- *Landhaus Tomas*
- *La Trattoria*
- *Mevlana Grill Hagen*
- *Mythos* (ehemals *Spinne*)
- *Papa's Grillhouse*
- *PARA Restaurant*
- *Piccolo*
- *Pistachio*
- *Pottblümchen*
- *Rosengarten*
- *Rustica*
- *Sakura*
- *SanSushi*
- *Steakhaus International*
- *Tanneneck*
- *Taverne Filos*
- *The Loft*
- *Vimix*
- *Vincenzo*

DANKE

Mein herzliches Dankeschön, an all diejenigen, die mich in dem Projekt begleitet haben – allen voran Eva Pauls.

Manche haben mich in den Hotels besucht und gemeinsam mit mir gegessen und getrunken. Manche haben die Texte gegengelesen und mit berechtigter und erwarteter Kritik versehen. Manchen begegnete ich zufällig und freute mich, wenn sie das Projekt spannend fanden:

ZUSATZ

Rolf Adler, Ewa Arlt, Silvia Bauer, Ralf-Rainer Braun, Nikola Bruzek, Petra und Thomas Bleicher, Reiner Deussen, Britta und Martin Diedrich, Mike Fiebig, Jörg Fritzsche, Robin Hiermer, Sandra Höhne, Hendrik Jostes, Nicole Kahle-König, Dorota Mader, Ina Michalke, Björn und Lea und Charlotte Nonnweiler, Roland Pröll, Manou Ruthmann, Heinz-Werner Schroth, Bettina Stippich, Heike Wippermann und Stefanie Zejewski (und mit ihr meine ganze Bürogemeinschaft, die mir den Rücken freigehalten hat).

Weil das hier alles schreibendes Neuland für mich ist, danke ich ganz besonders Lilly Wiedemann, für die Textüberarbeitung und Anpassung. Mit einer solch freundlichen Lektorin kann man gut noch ein paar Bücher schreiben.

Natürlich geht der Dank an Kerstin Fischer von *Hagen.Marketing*, ohne deren Grundidee von ›*Sei Gast in deiner eigenen Stadt*‹ ich mich gar nicht auf die Tour gemacht hätte.

Und schlussendlich an die Menschen der Hagener Hotellerie, die mir die Zeit einfach und zu einem Vergnügen gemacht haben. Wünsche nur das Beste für die jeweiligen Häuser und persönlichen Lebenswege.

Sven Söhnchen

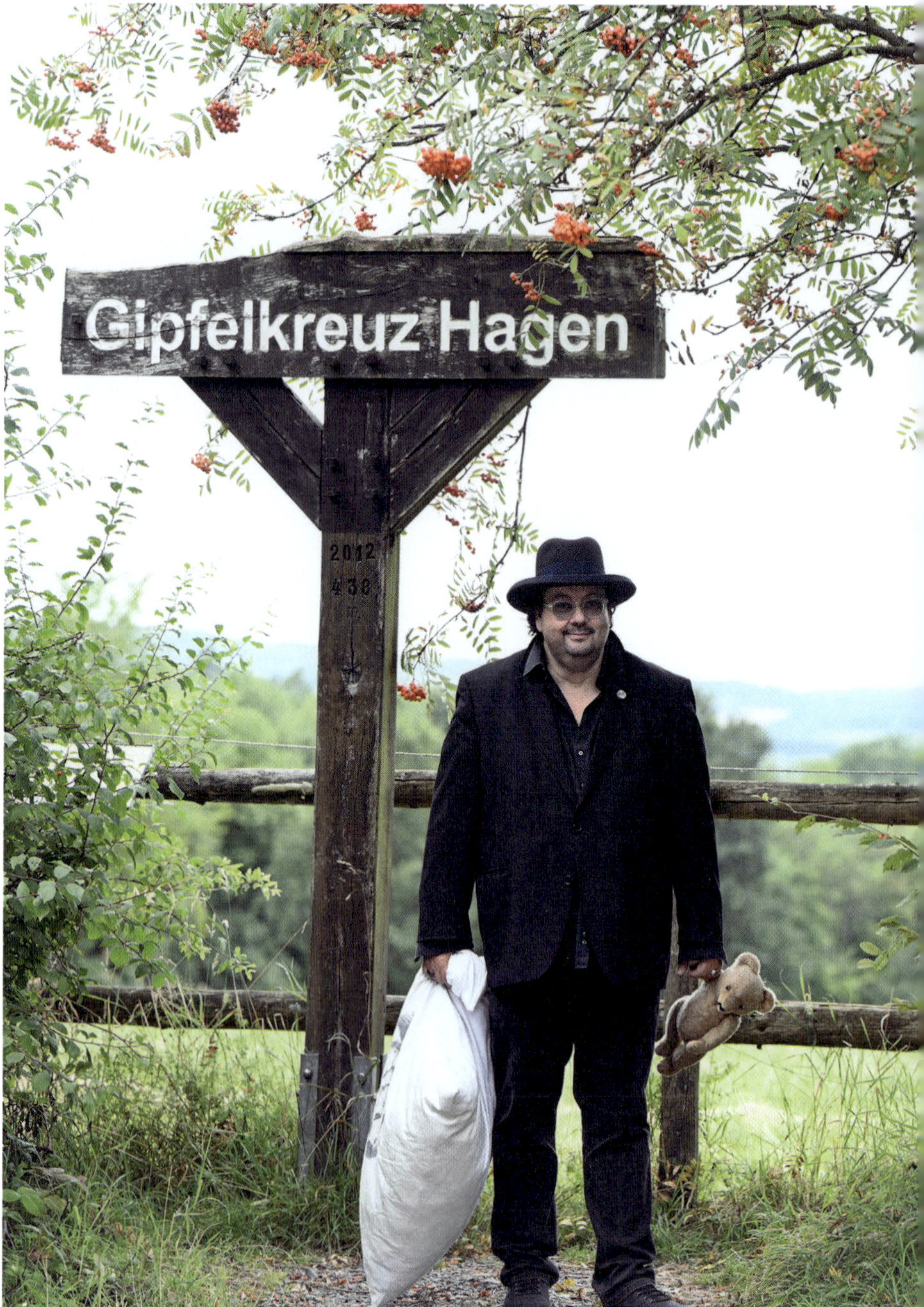
Gipfelkreuz Hagen
2012
438

ZUSATZ

VITA

---

sven söhnchen

geboren 1969 / vater einer erwachsenen tochter / noch nie verheiratet / beinahkoch und gelernter erzieher / selbständiger betreuer und nachlassregler / überzeugter zivi / sozialdemokratischer lutheraner / europäischer weltenbürger und heimatverbundener hagener / kulturaffiner freigeist / möchtegern-bassist / passivsportiver genussmensch / fummellaufgründer und stadtteilaktivist / (vor)leser und (mit)denker / nachwuchsliterat und auftragsschreiber / resthaupthaarbedecker / hobbyitaliener und vespafahrer / sommerbefürworter / fremdwahrnehmungstänzer / wein- und biertrinker.

wortkontor?

es ist der versuch von sven söhnchen seine leidenschaft für die unterschiedlichen darreichungsformen einer aneinanderkettung von buchstaben unter einem begriff zu sammeln.

auf der internetseite www.wortkontor.eu gibt es die entsprechenden hinweise: zu lesungen, zu blogbeiträgen, zu dieser buchveröffentlichung und zu weiteren projekten - rund um das schreiben und lesen. dabei gibt es hinweise zu dem wirken von sven söhnchen und spannende verlinkungen zu anderen wortakrobat*innen.

IMPRESSUM

Autor:
Sven Söhnchen / wortkontor, Hagen
www.wortkontor.eu

© 2024 beim Autor

Verlag:
ardenkuverlag Petra Holtmann
Eduard-Müller-Straße 2
D-58097 Hagen
T: +49 2331.303333
mail@ardenku.de
www.ardenku.de

Gestaltung:
Sebastian Klebe, Hagen
www.sebastianklebe.com

Fotografie:
Heike Wippermann, Hagen
www.mix-pix-sell.de

Die Deutsche Nationalbibliothek verzeichnet diese Publikation in der Deutschen Nationalbibliografie; detaillierte bibliografische Daten sind im Internet über http://dnb.d-nb.de abrufbar.

IHR PARTNER FÜR DIE ENERGIEWENDE

Jetzt mit Mark-E die Energiewende in Südwestfalen mitgestalten. Gerne beraten wir Sie zu unseren Produkten im Bereich Strom, Gas, Wasser, E-Mobilität und Wärmepumpen sowie zu weiteren Themen wie Photovoltaik. Entweder in unserem Mark-E Forum oder online unter **www.mark-e.de**

Jetzt folgen auf:

mark E
Energie, die bewegt.

Gesellschaft
CONCORDIA
seit 1808

Willkommen in Hagen!

DEHOGA WESTFALEN

Das Hagener Gastgewerbe freut sich auf Ihren Besuch!

TIPPS & INSPO RUND UM HAGEN

#hagenliebe

www.hagenentdecken.de

HAGEN
WIRTSCHAFTSENTWICKLUNG

Südufer
Hengstey

STRANDHAUS | **FREIBAD** | **BEACHCLUB**

Südufer Hengstey | Seestraße 4 | 58089 Hagen

FOLGE UNS!

Facebook:
Stadt Hagen

Instagram:
@hagen_westfalen

WhatsApp:
Stadt Hagen

Stadt Hagen

www.hagen.de

HAGEN
Stadt der FernUniversität

Ihre Sparkasse wird grüner.

Nachhaltiges Banking für Mensch und Umwelt.

Mit Haltung, innovativen Produkten und gesellschaftlichem Engagement.

Weil's um mehr als Geld geht.

Sparkasse an Volme und Ruhr

ha.ge.we
Mein Zuhause. Mein Leben

Endlich ankommen.

Findet den Raum, der zu euch passt.
⇒ hagewe.com